I0499847

If Lost, Please Return To:

Name:_______________________________

Phone:_______________________________

Email:_______________________________

Color Test Page

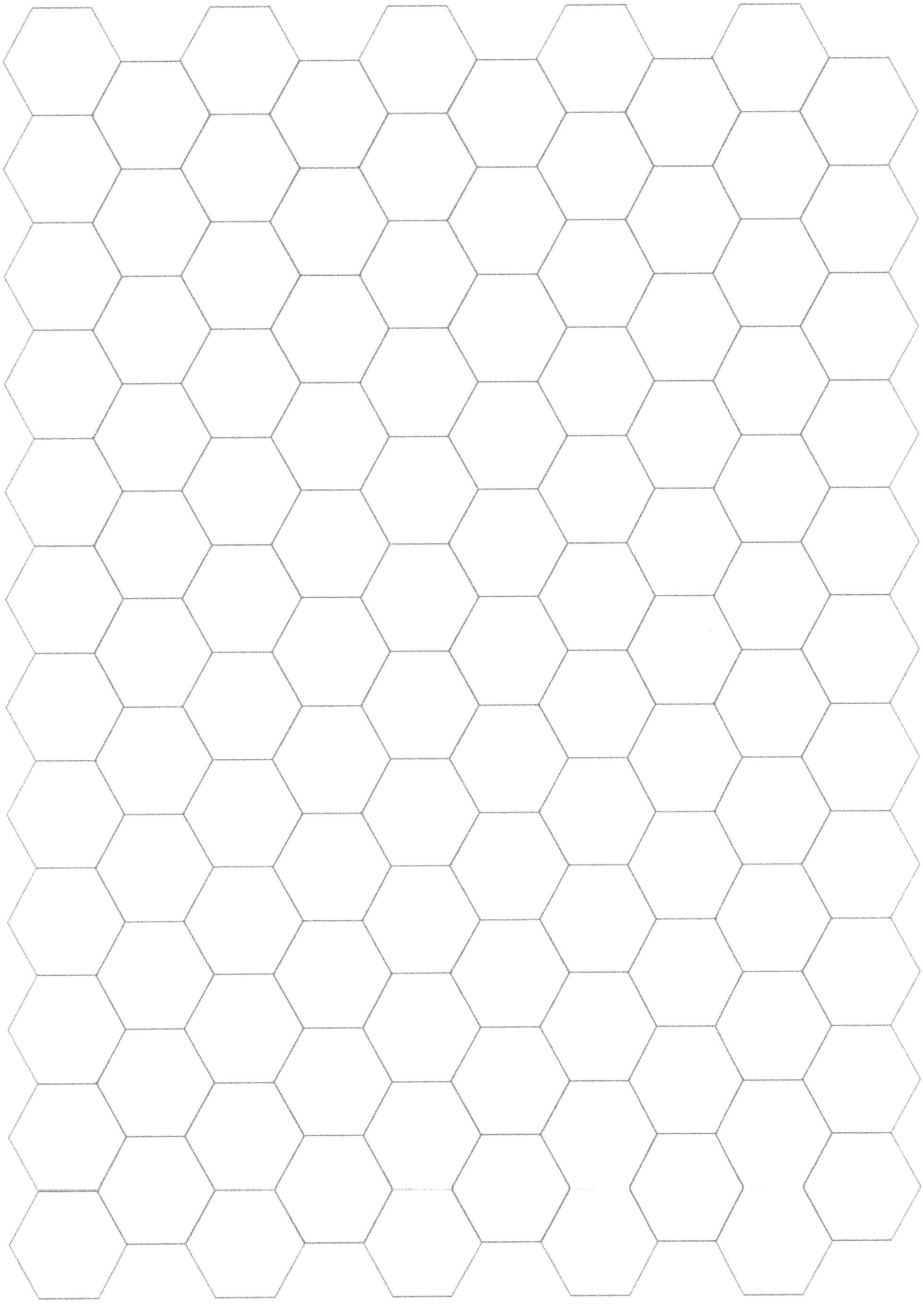

Color Test Page

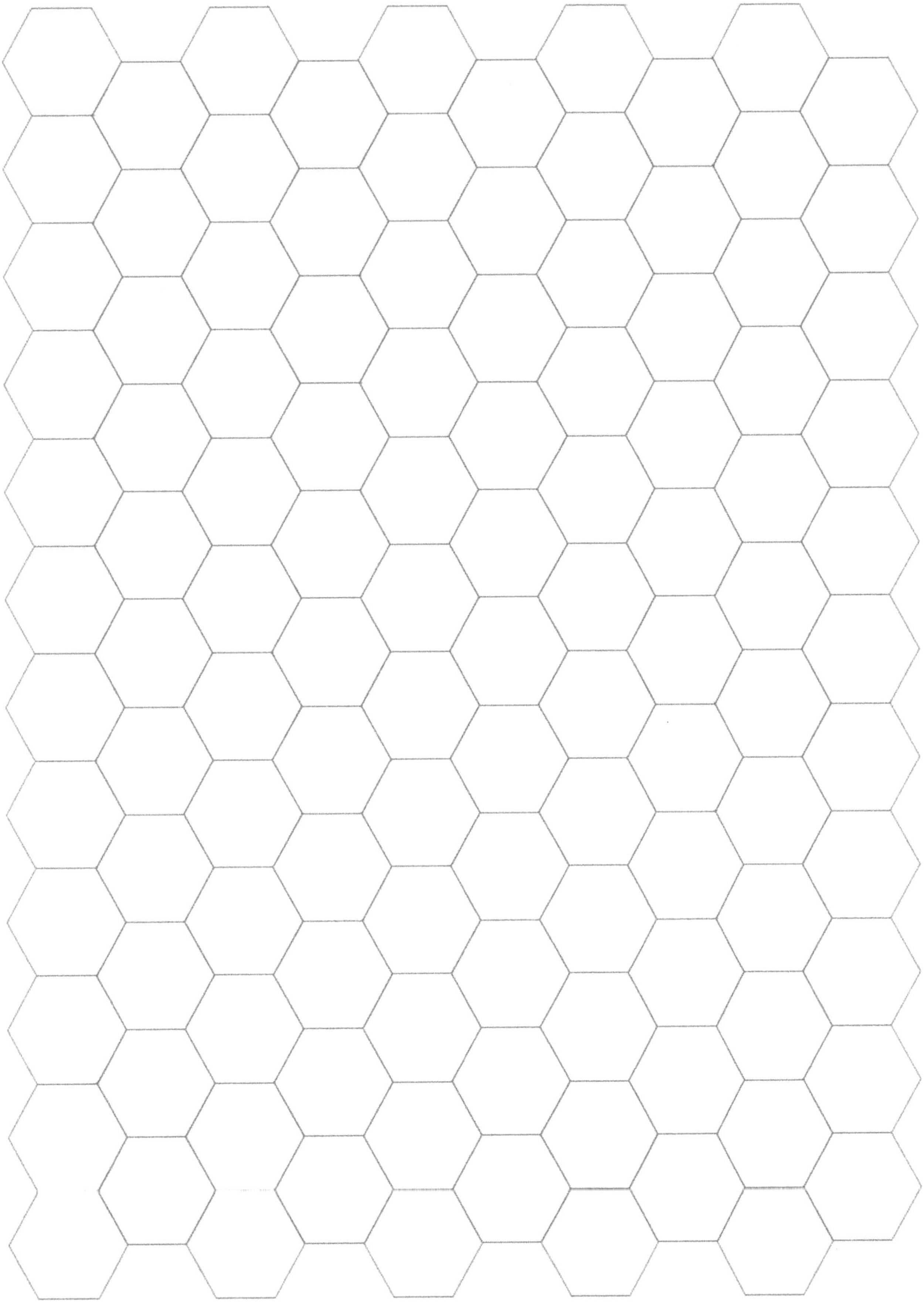

Color Test Page

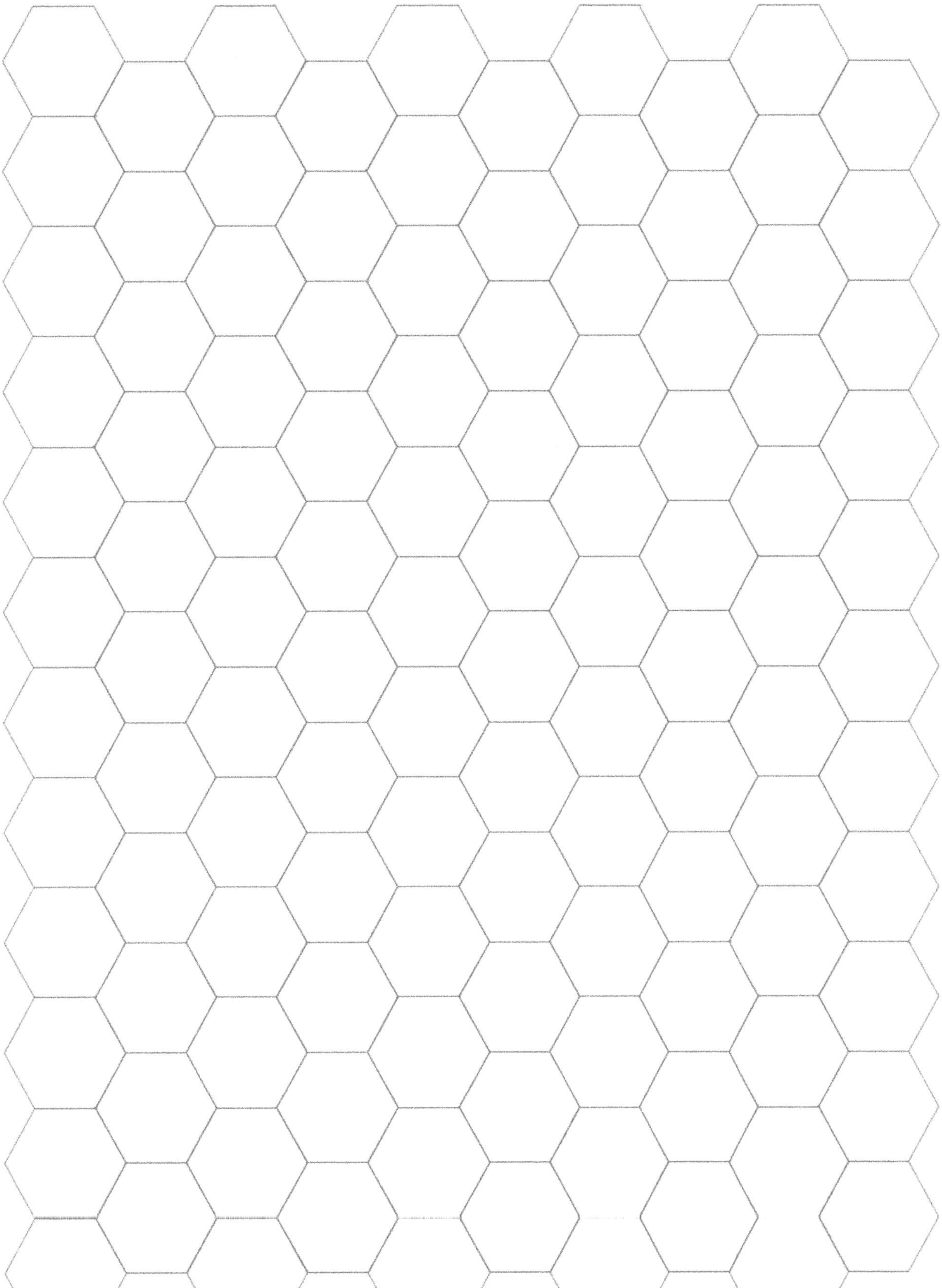

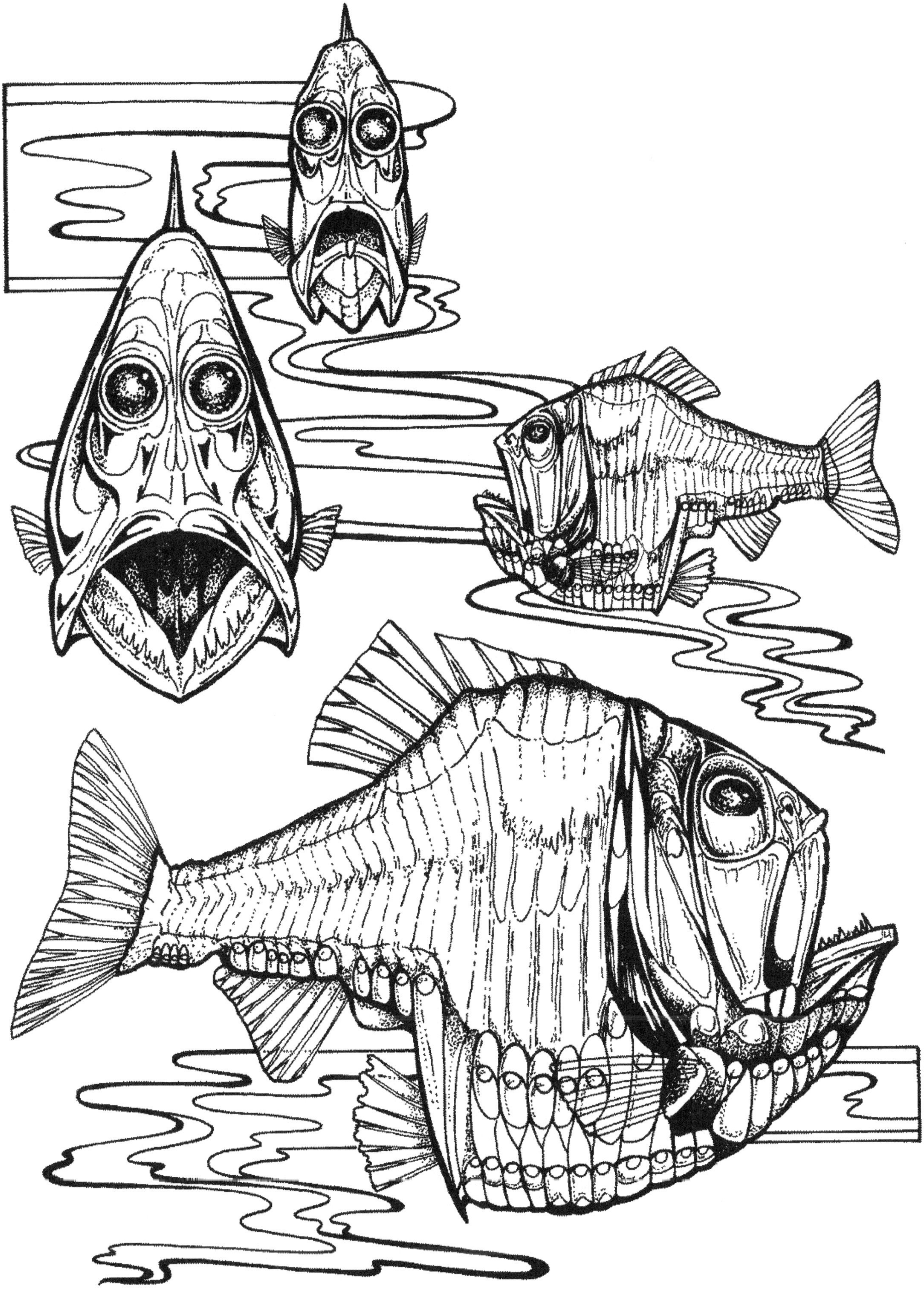

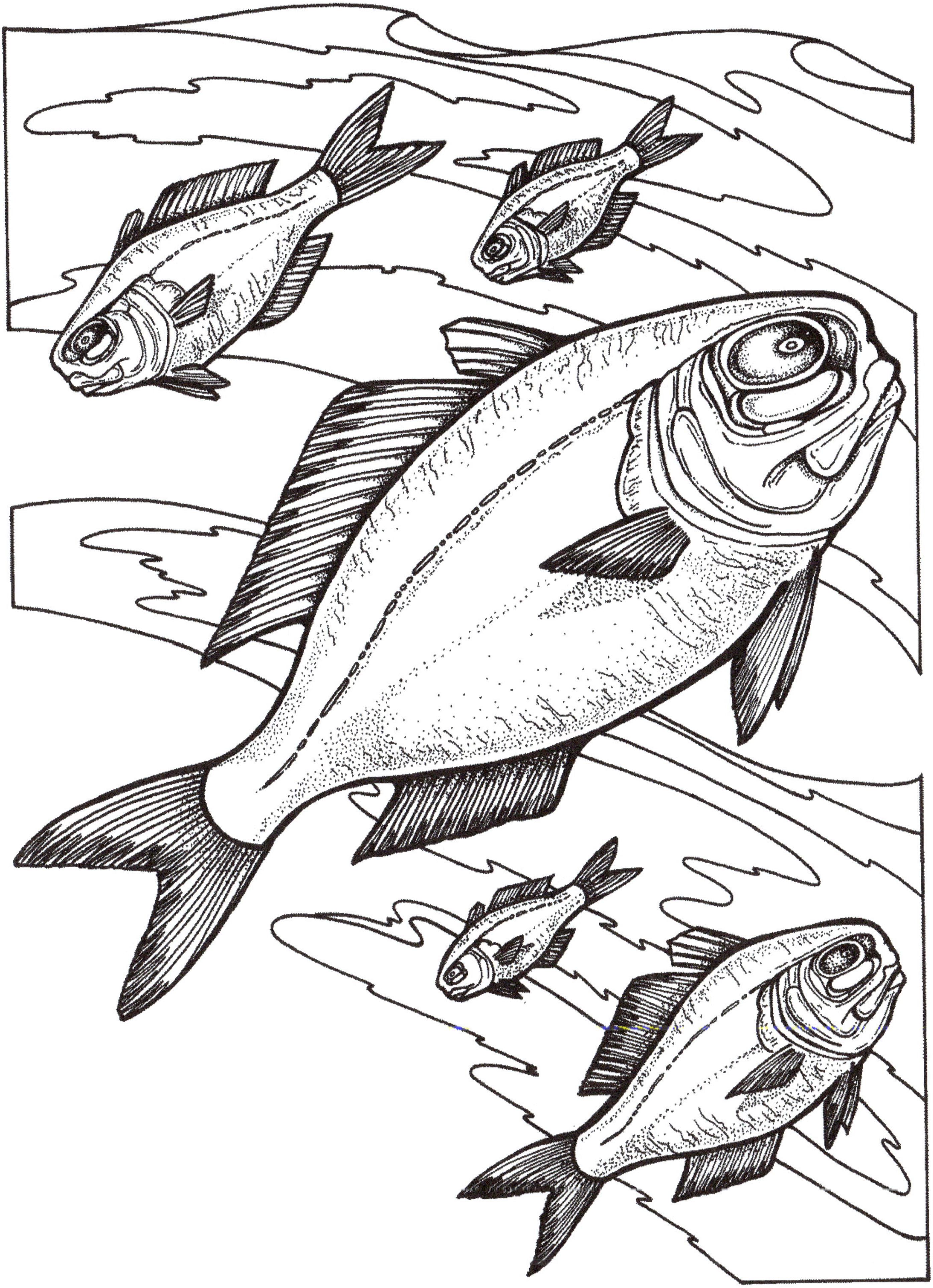

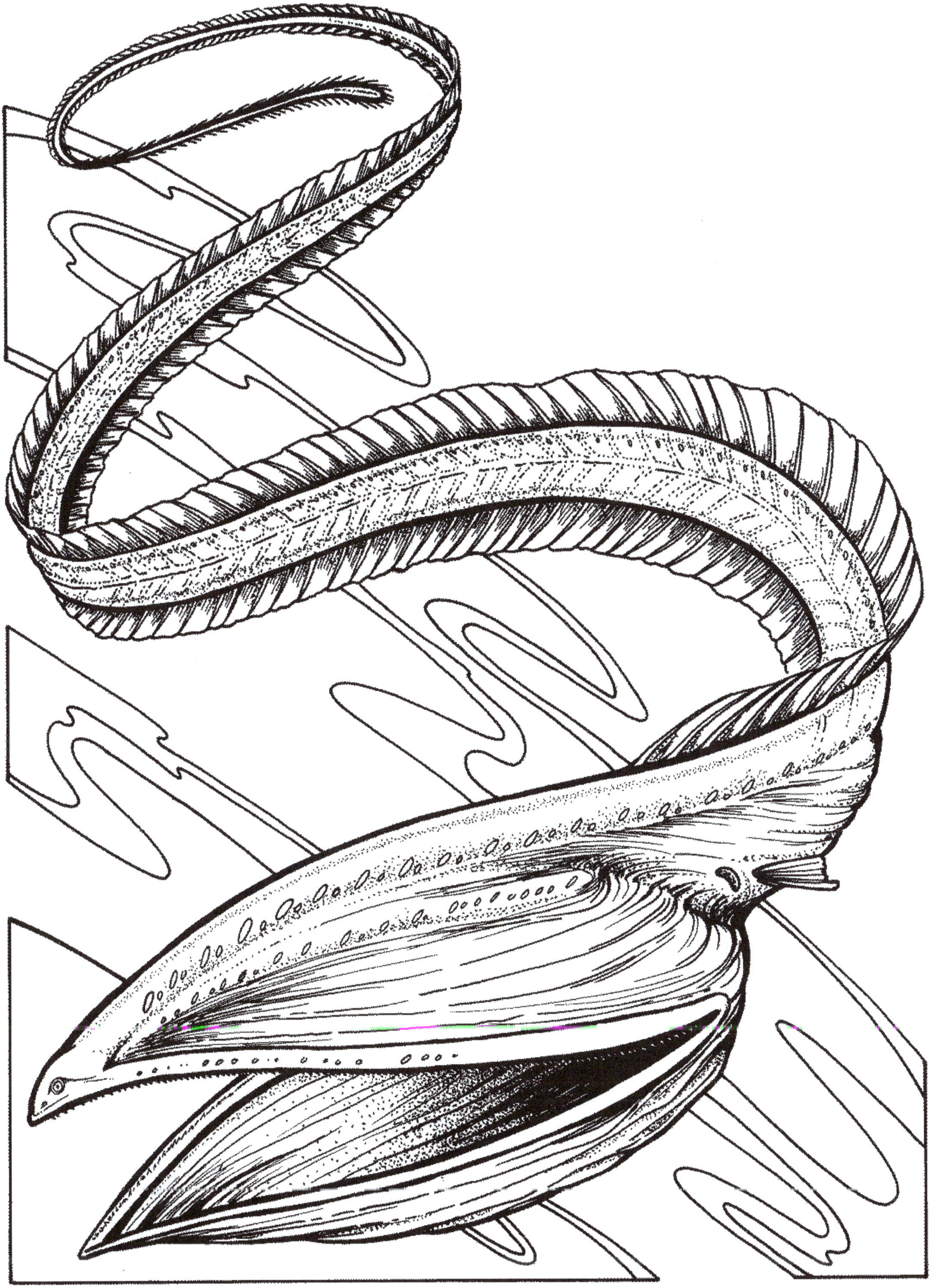

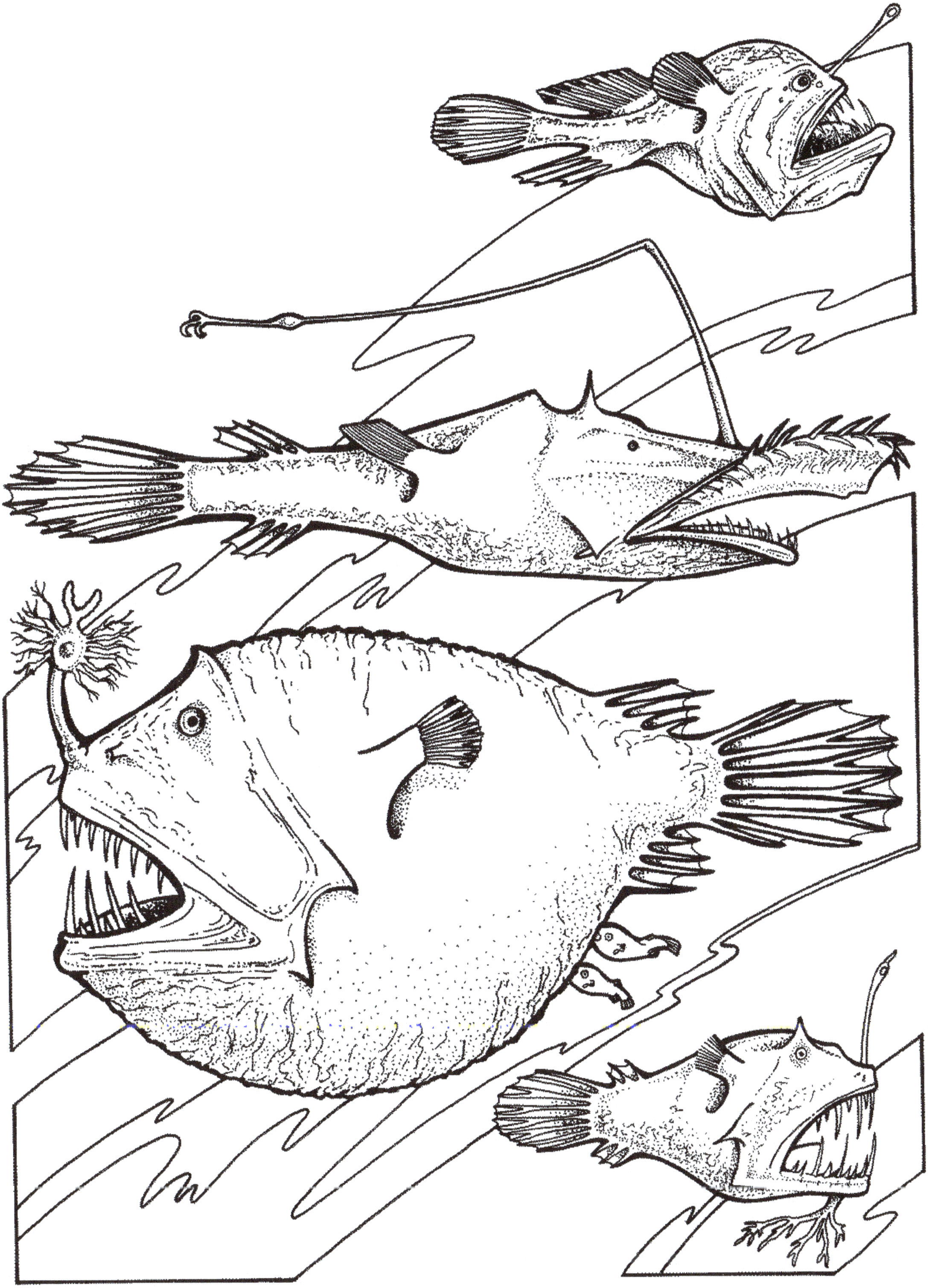

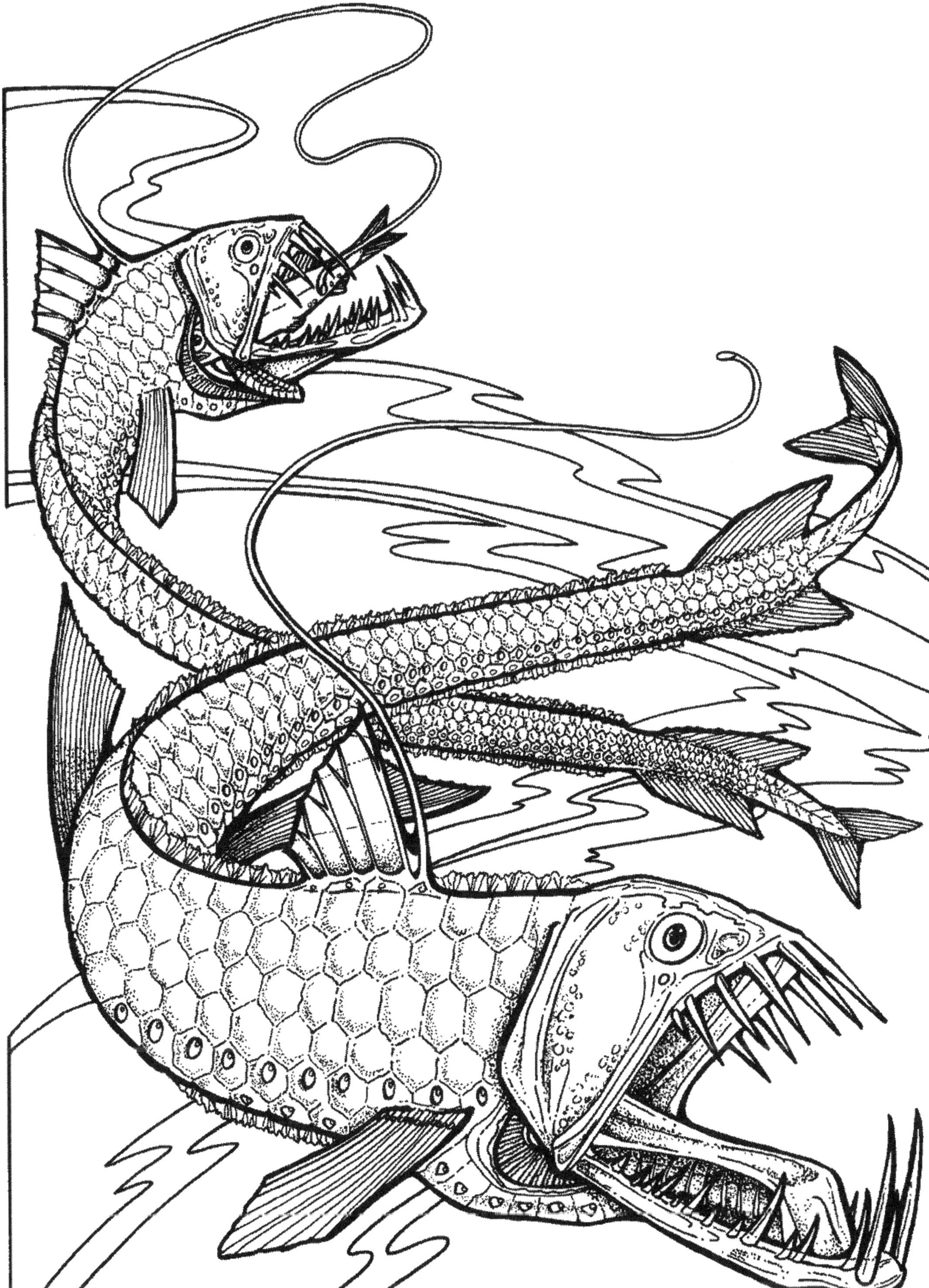

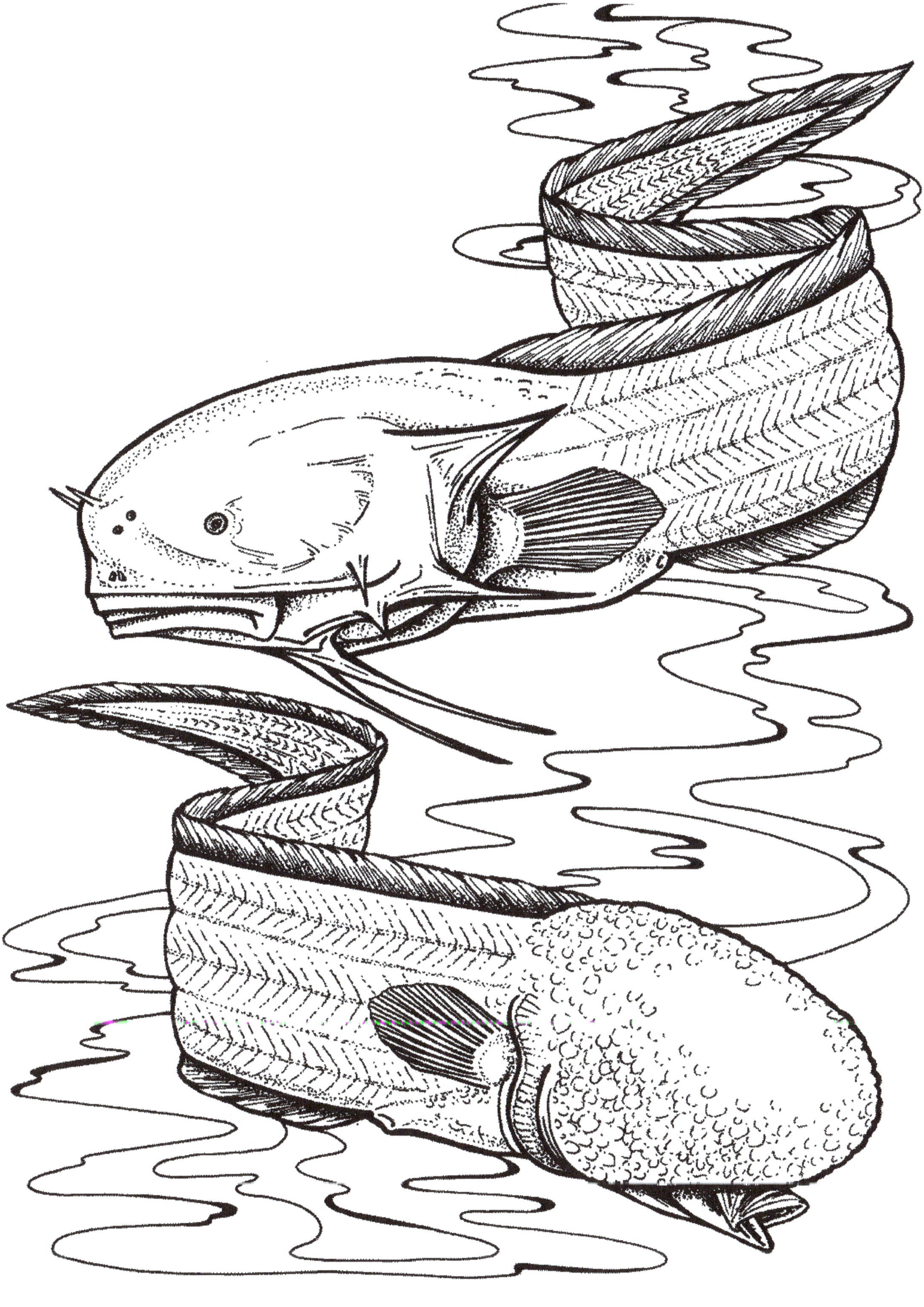

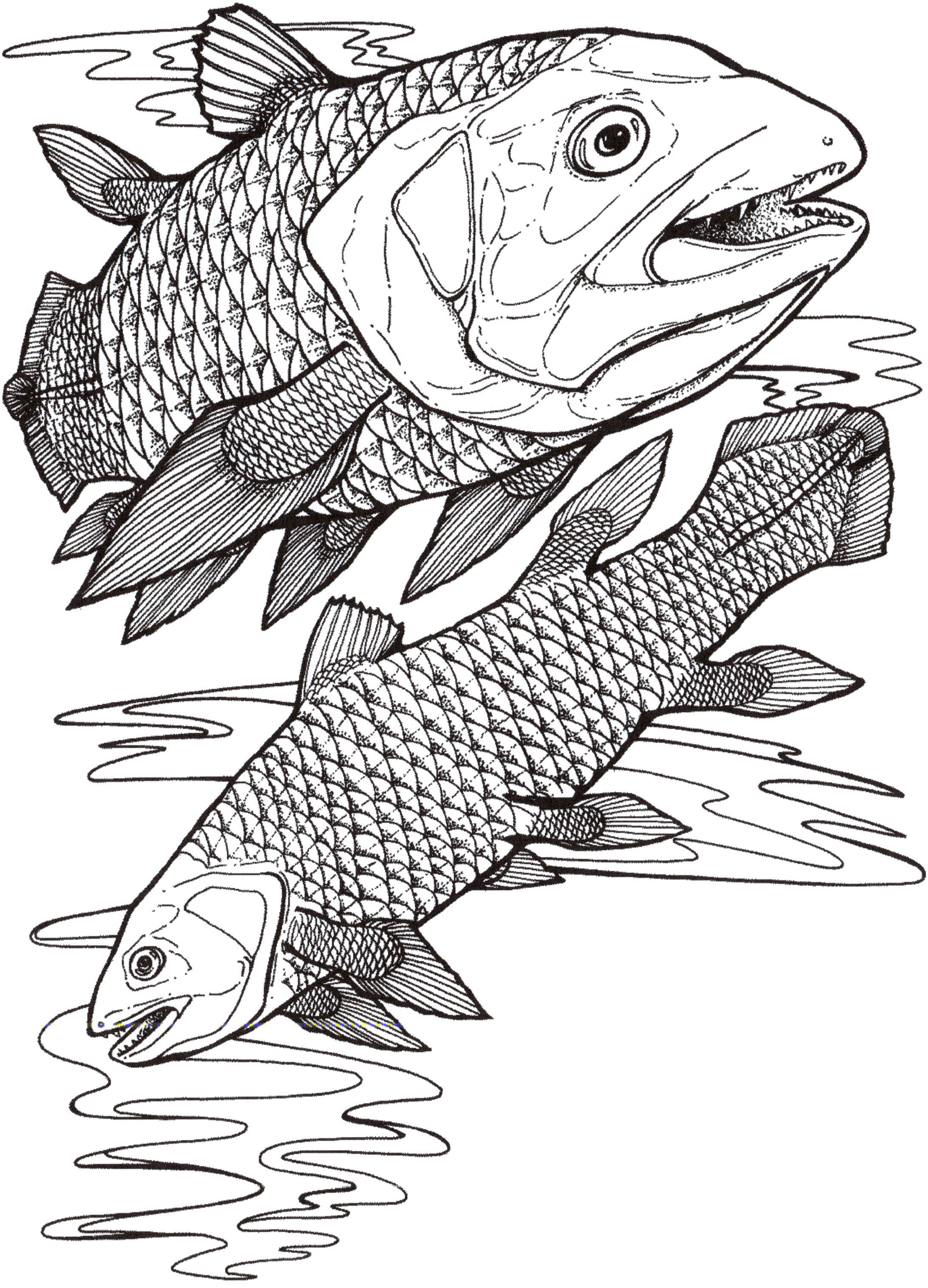

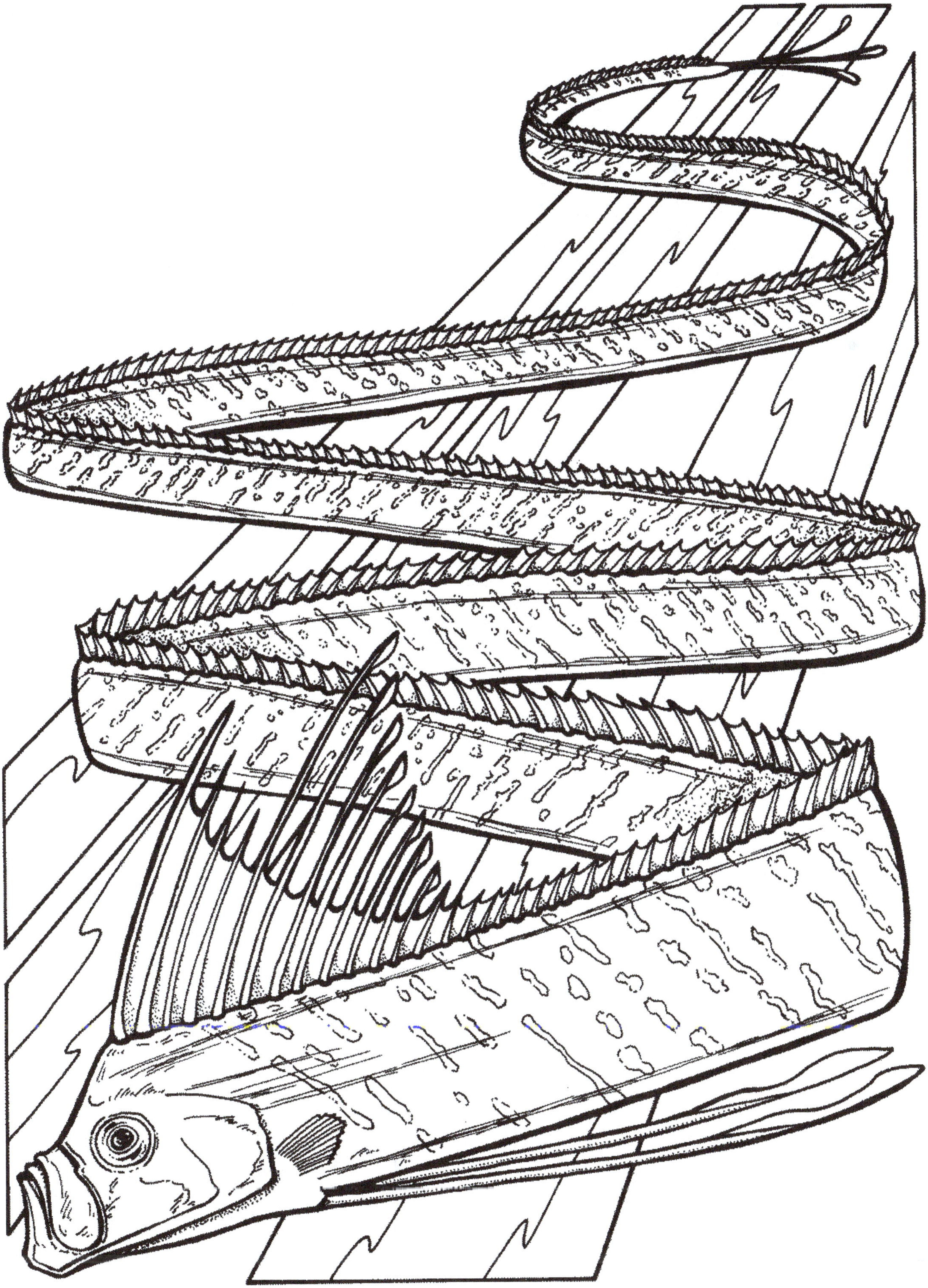

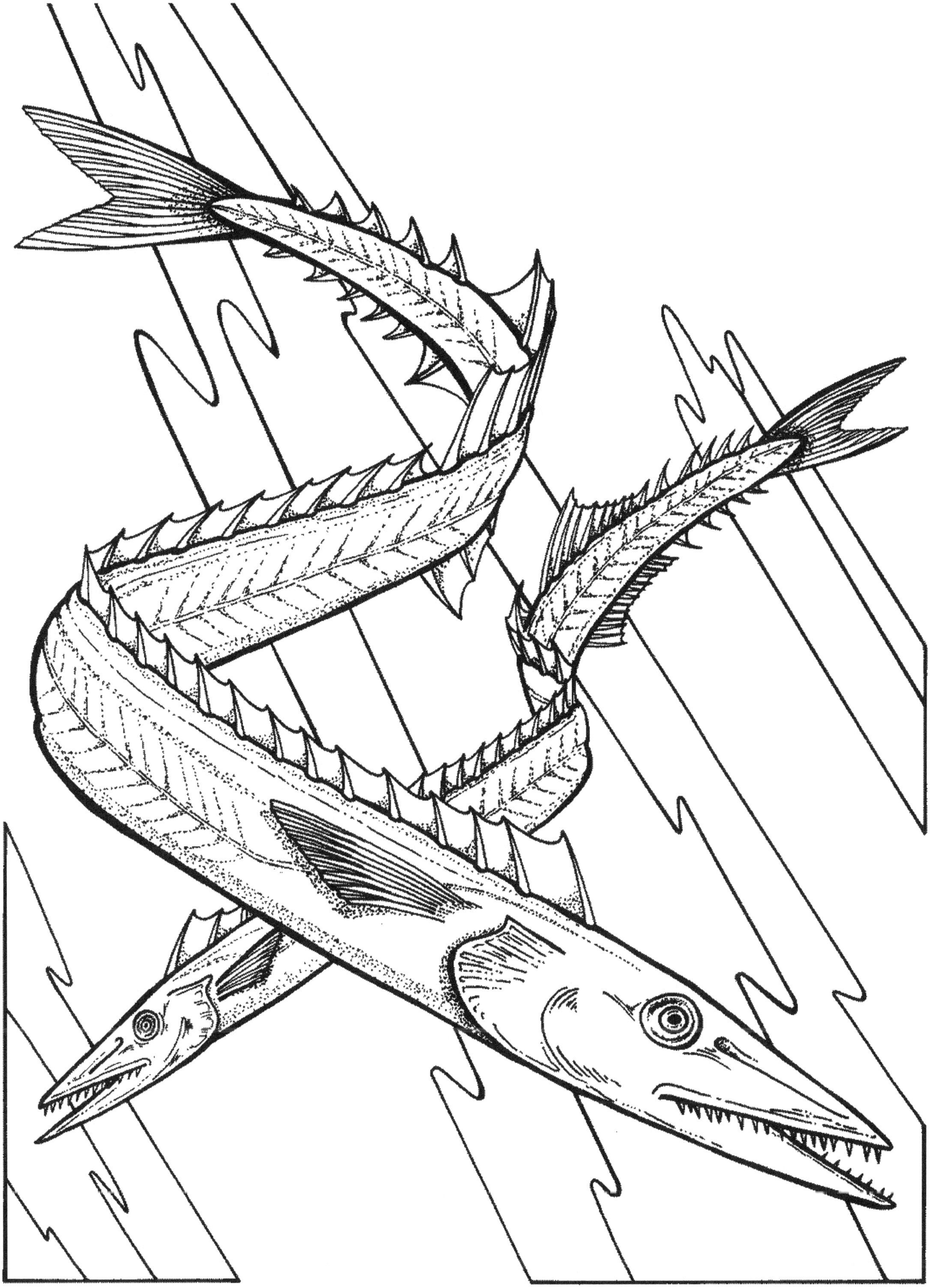

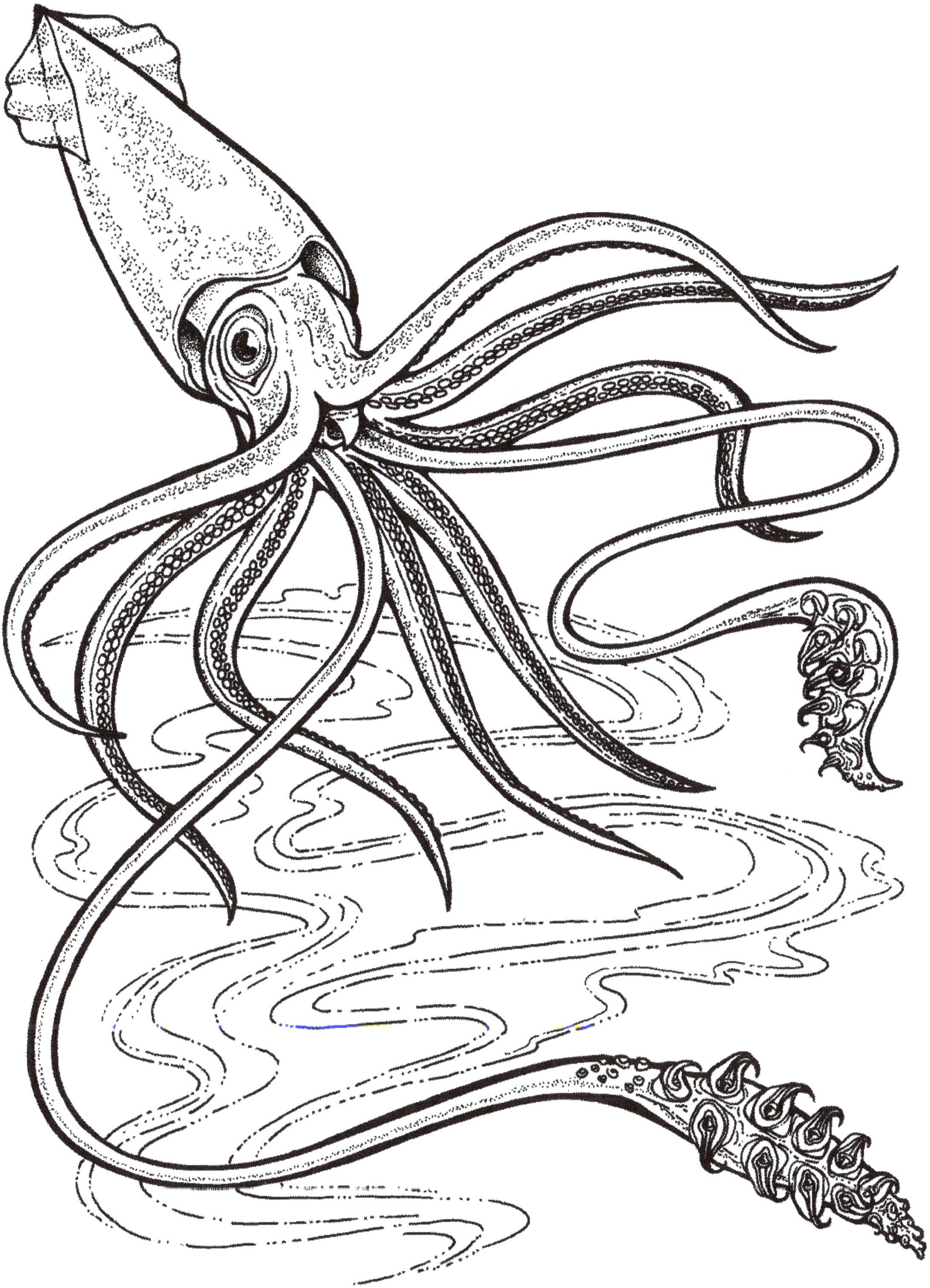

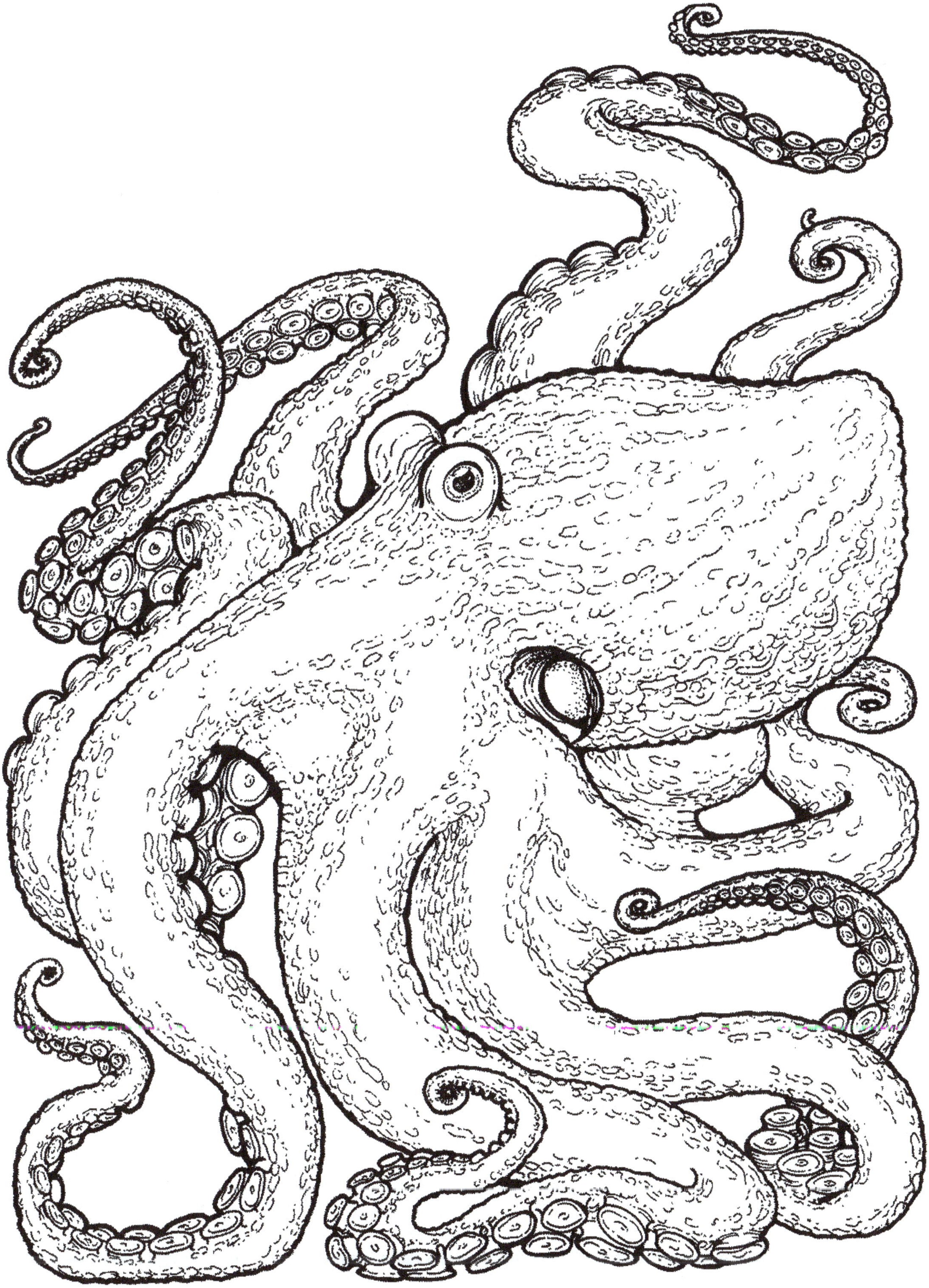

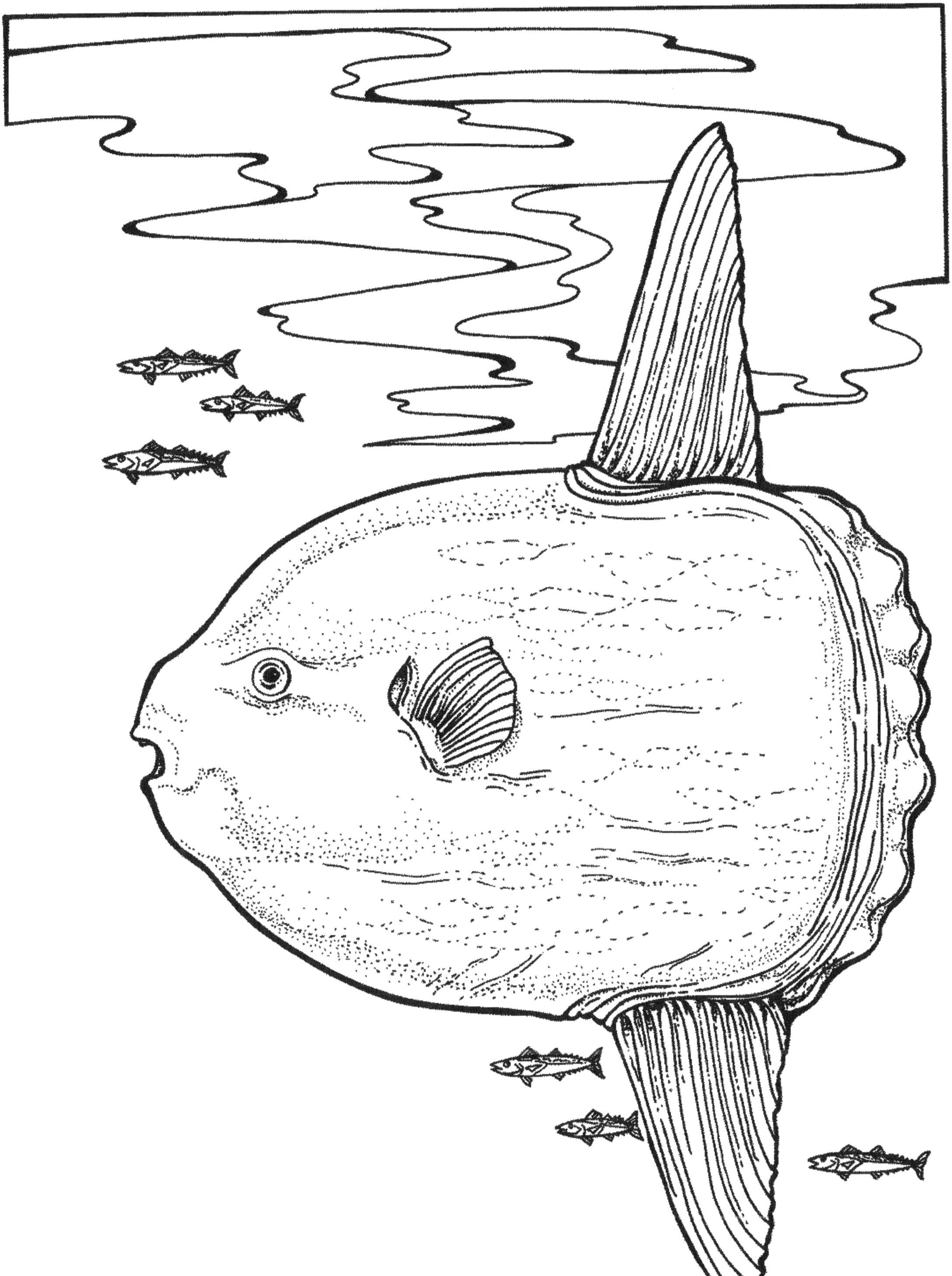

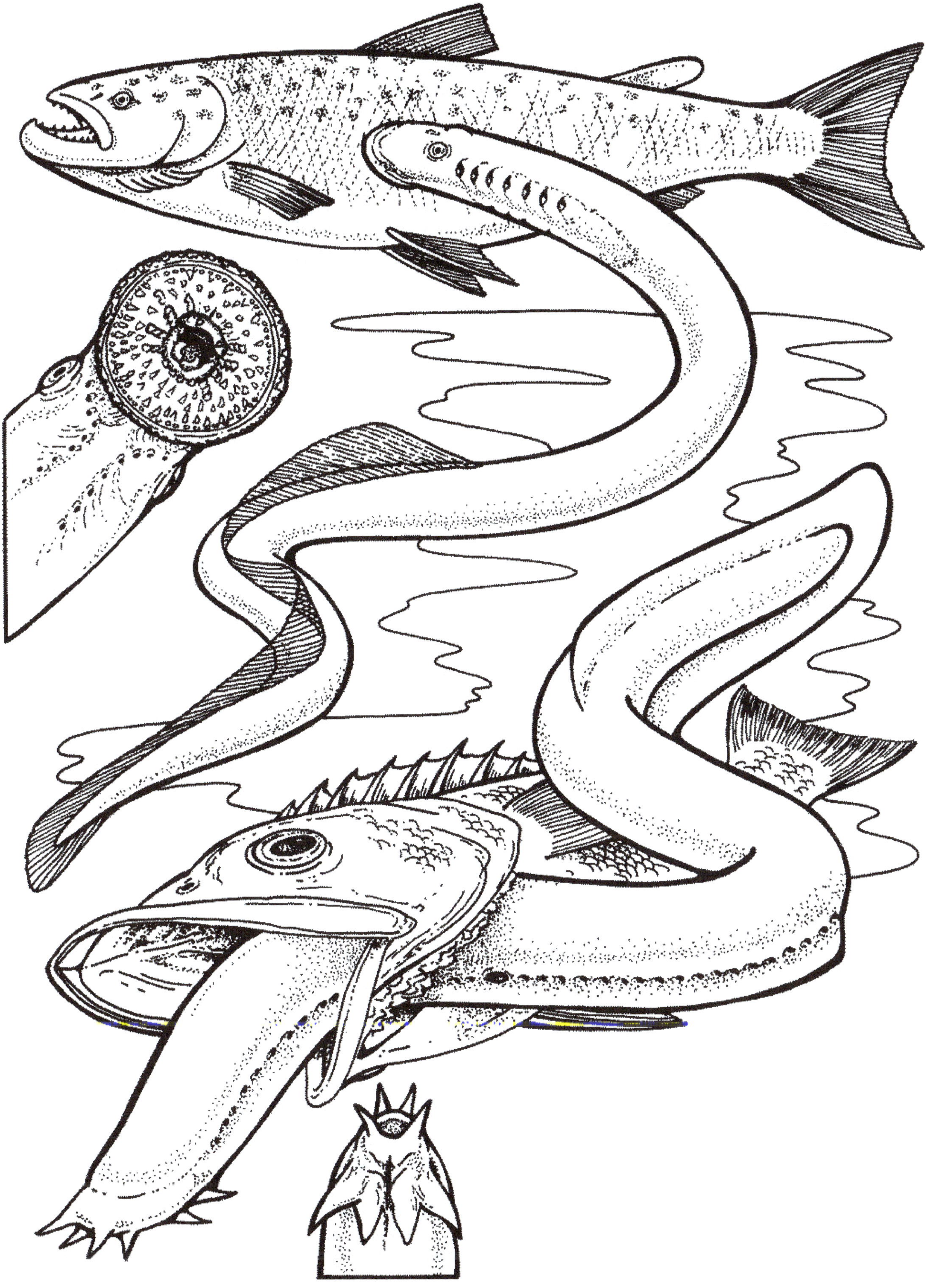

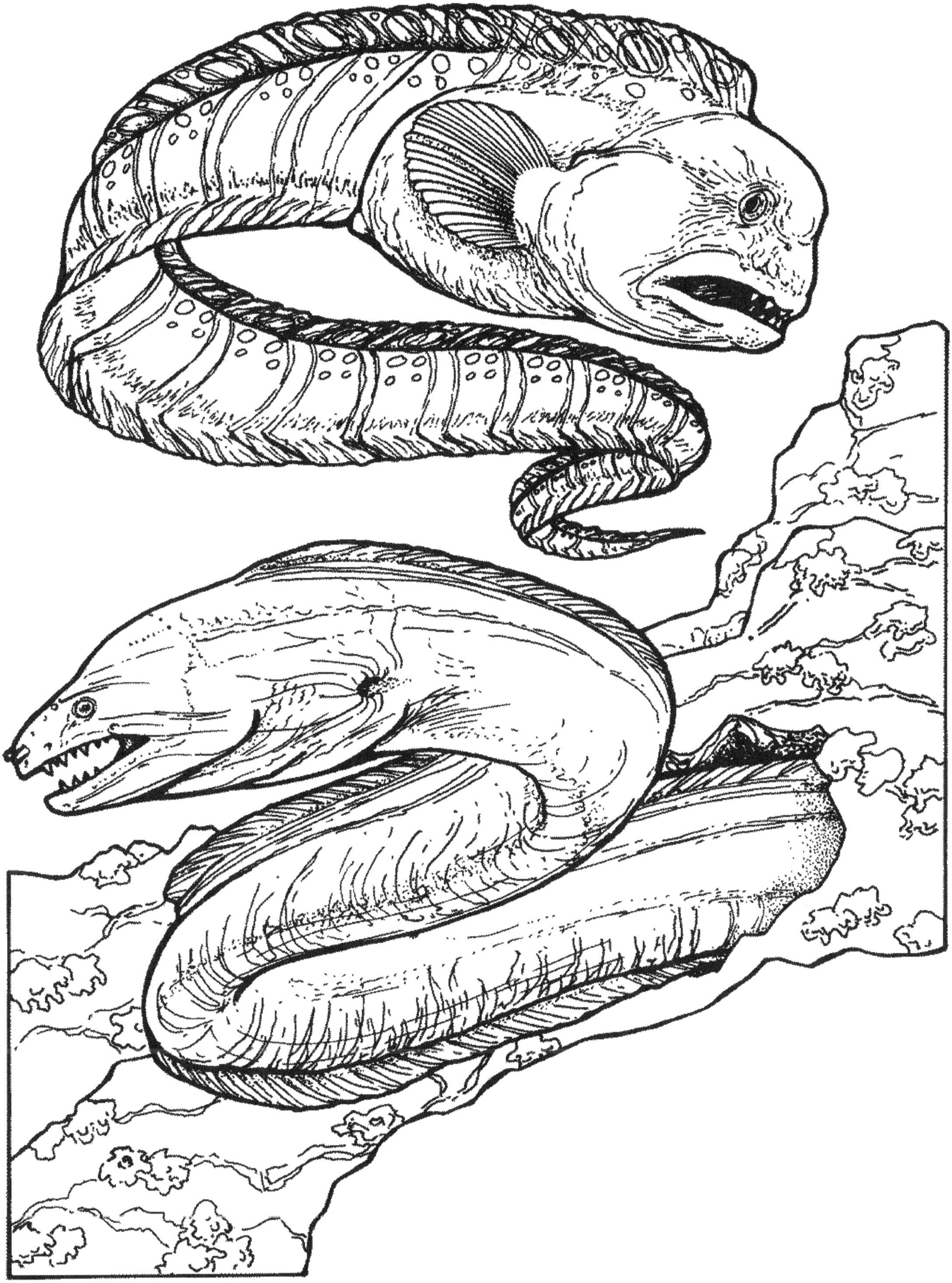

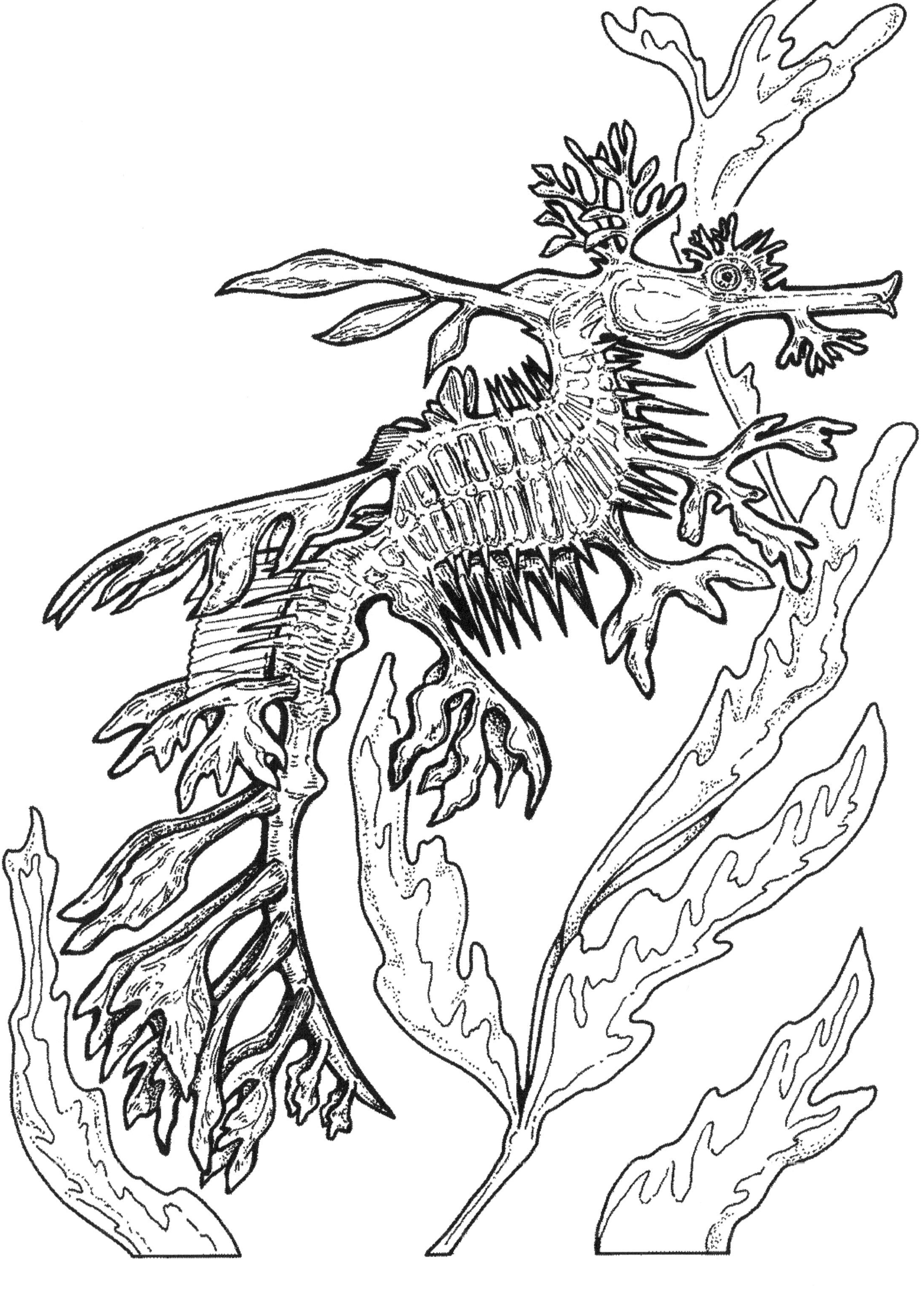

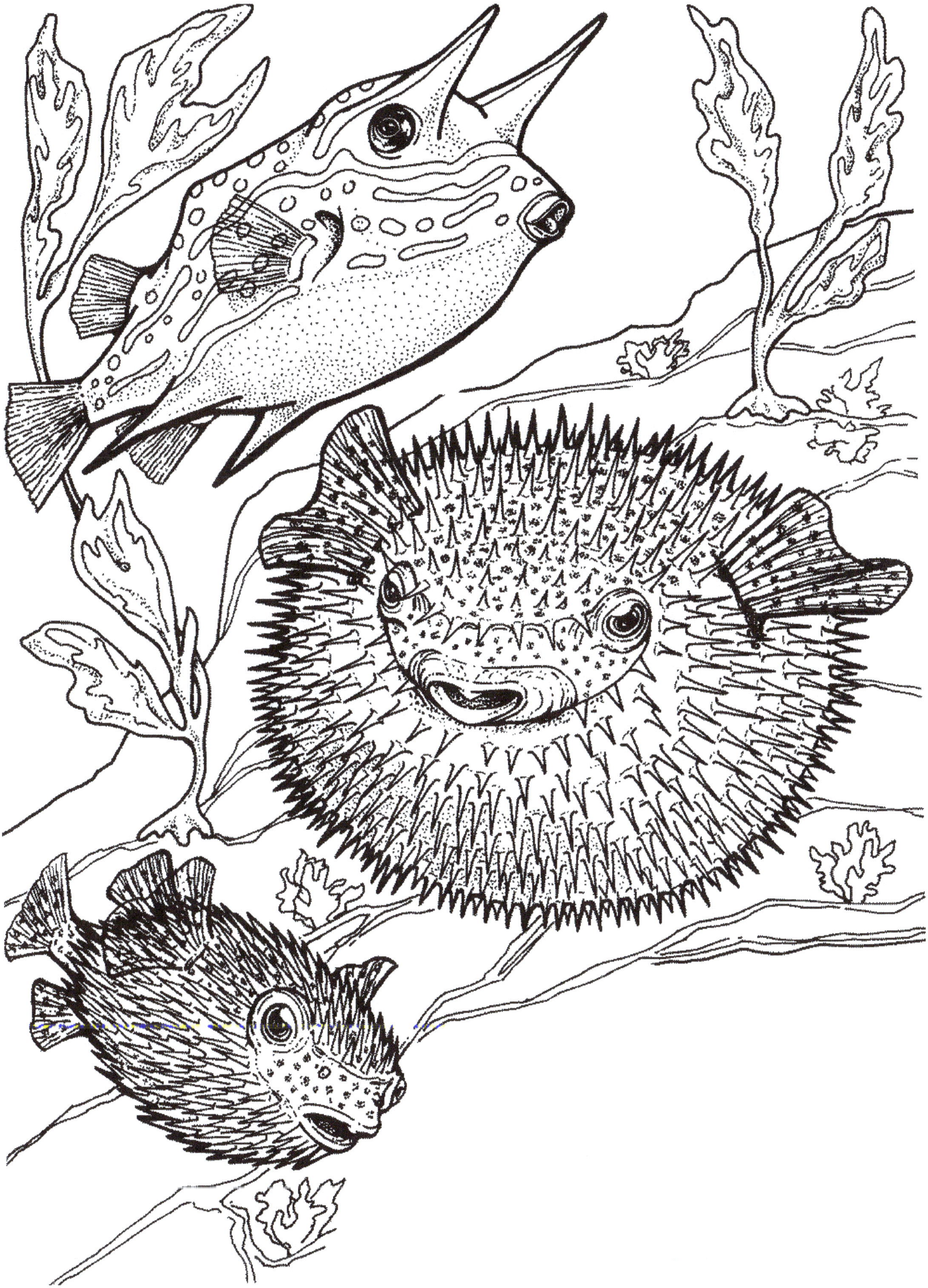

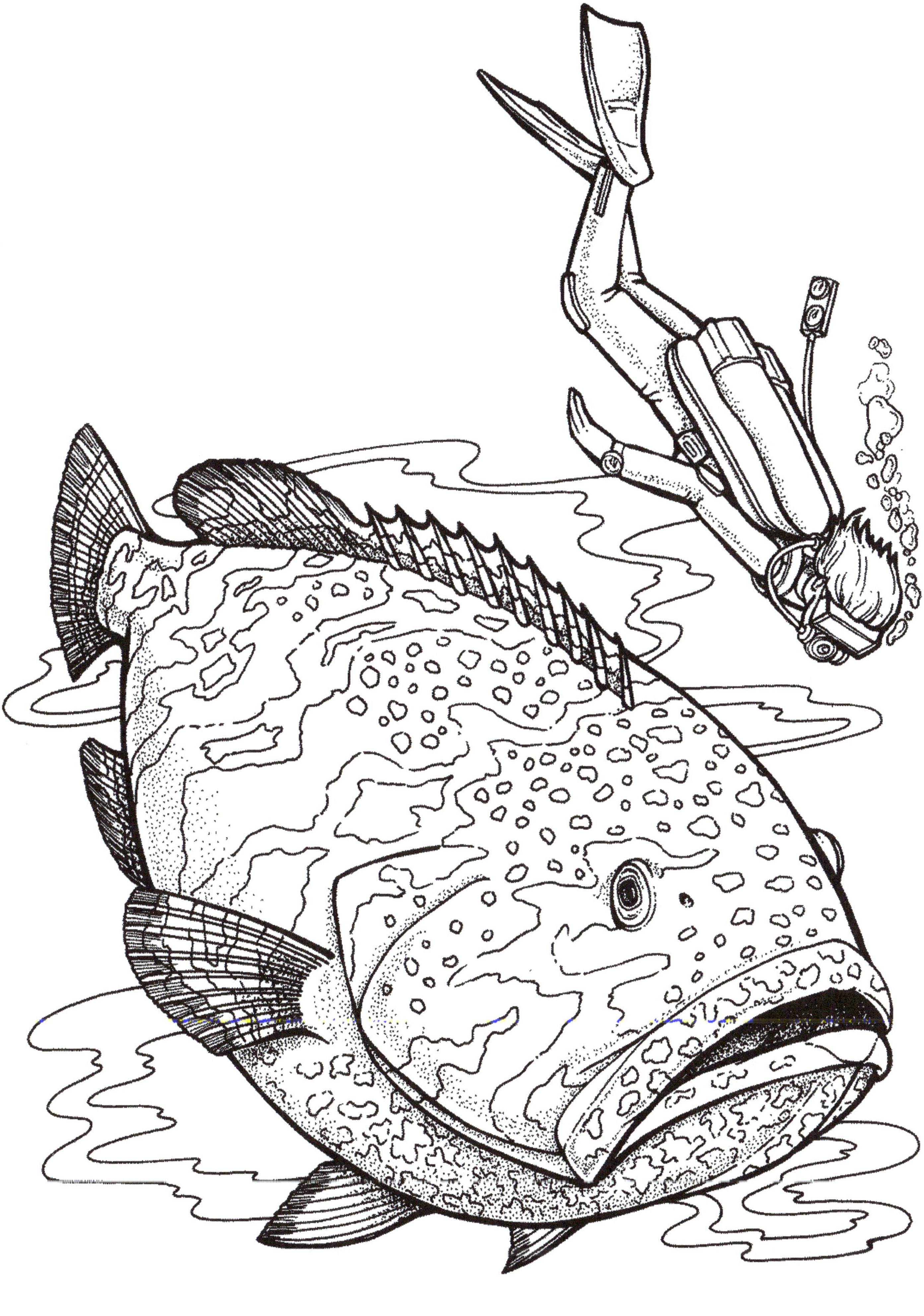

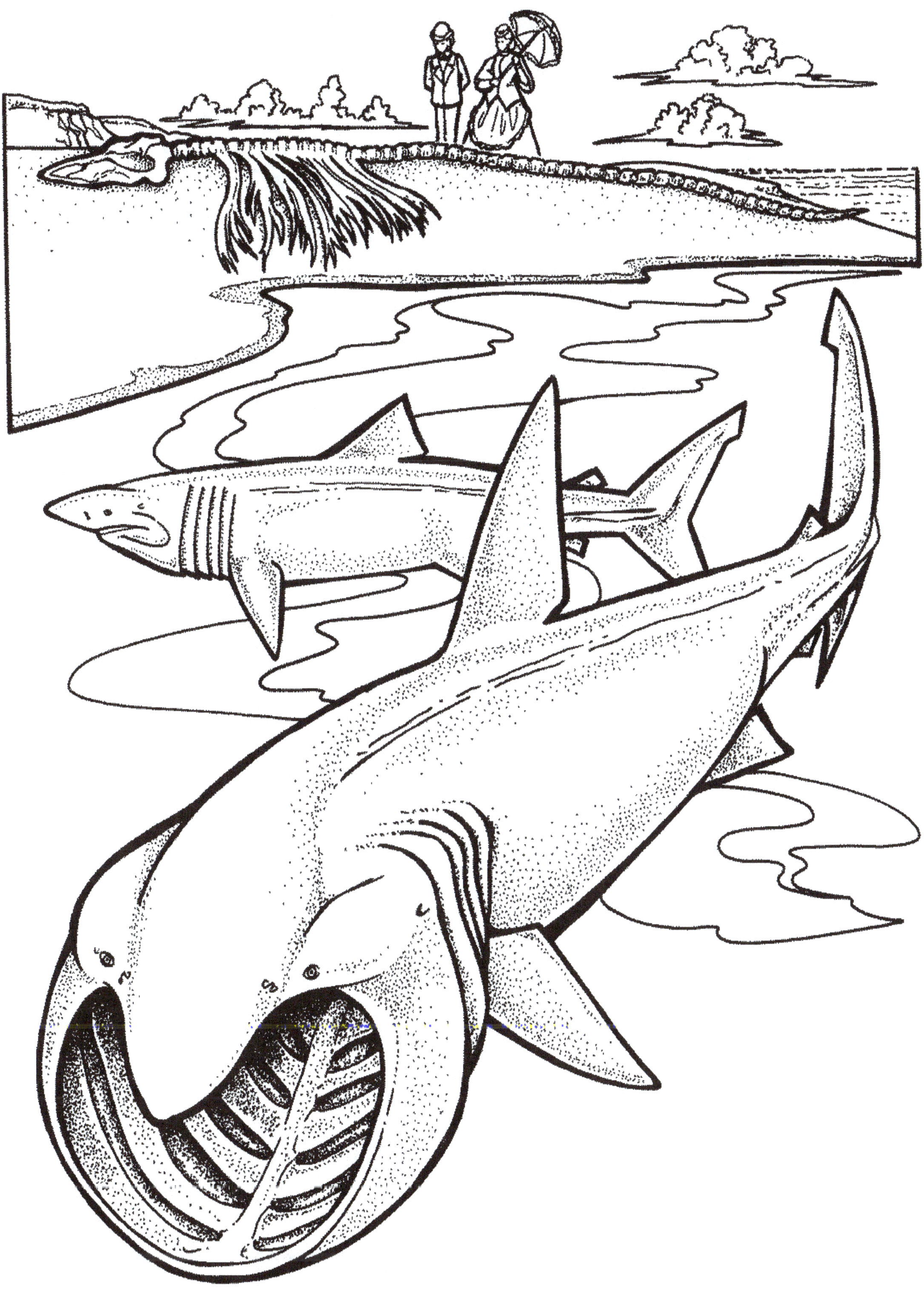

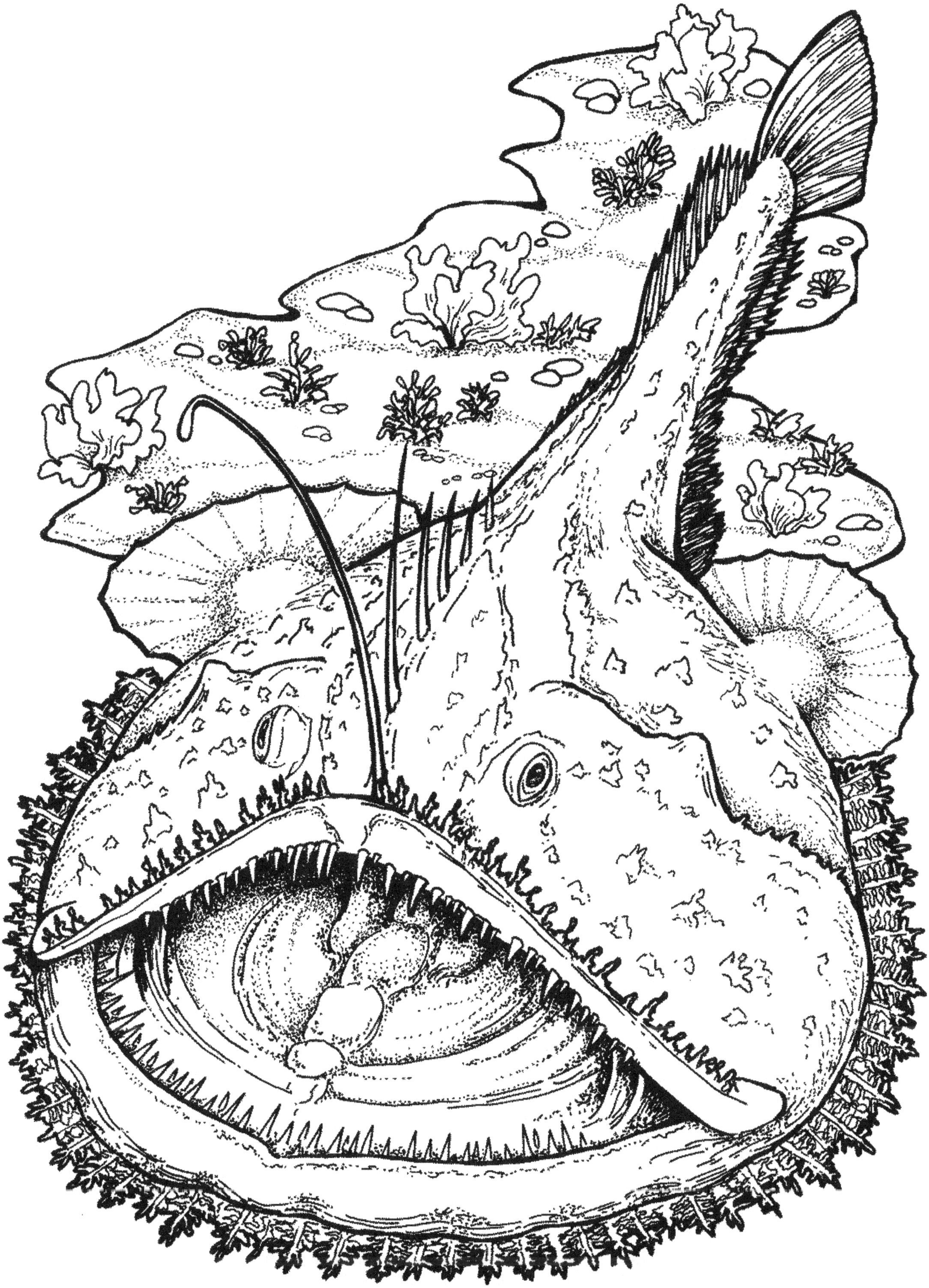

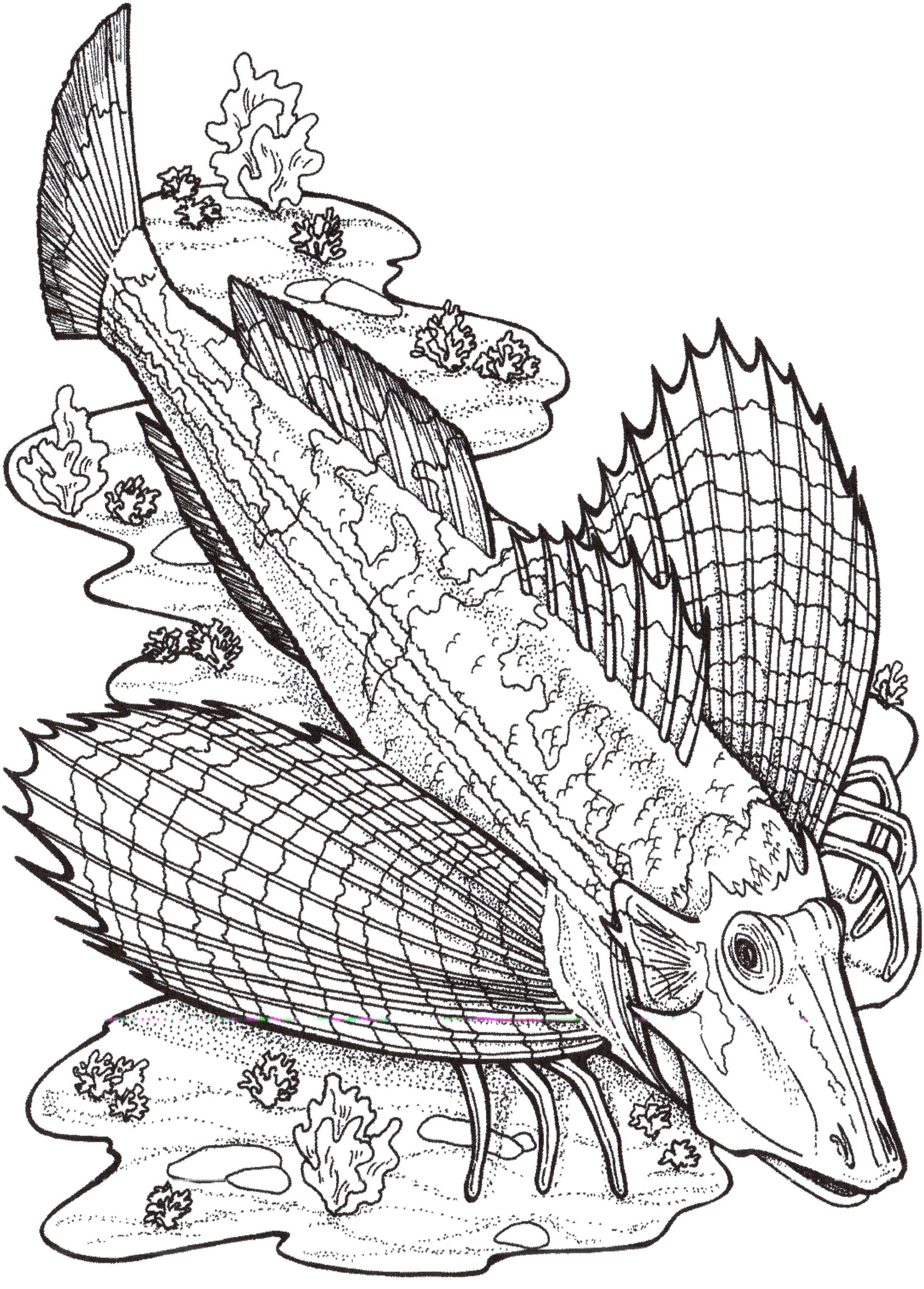

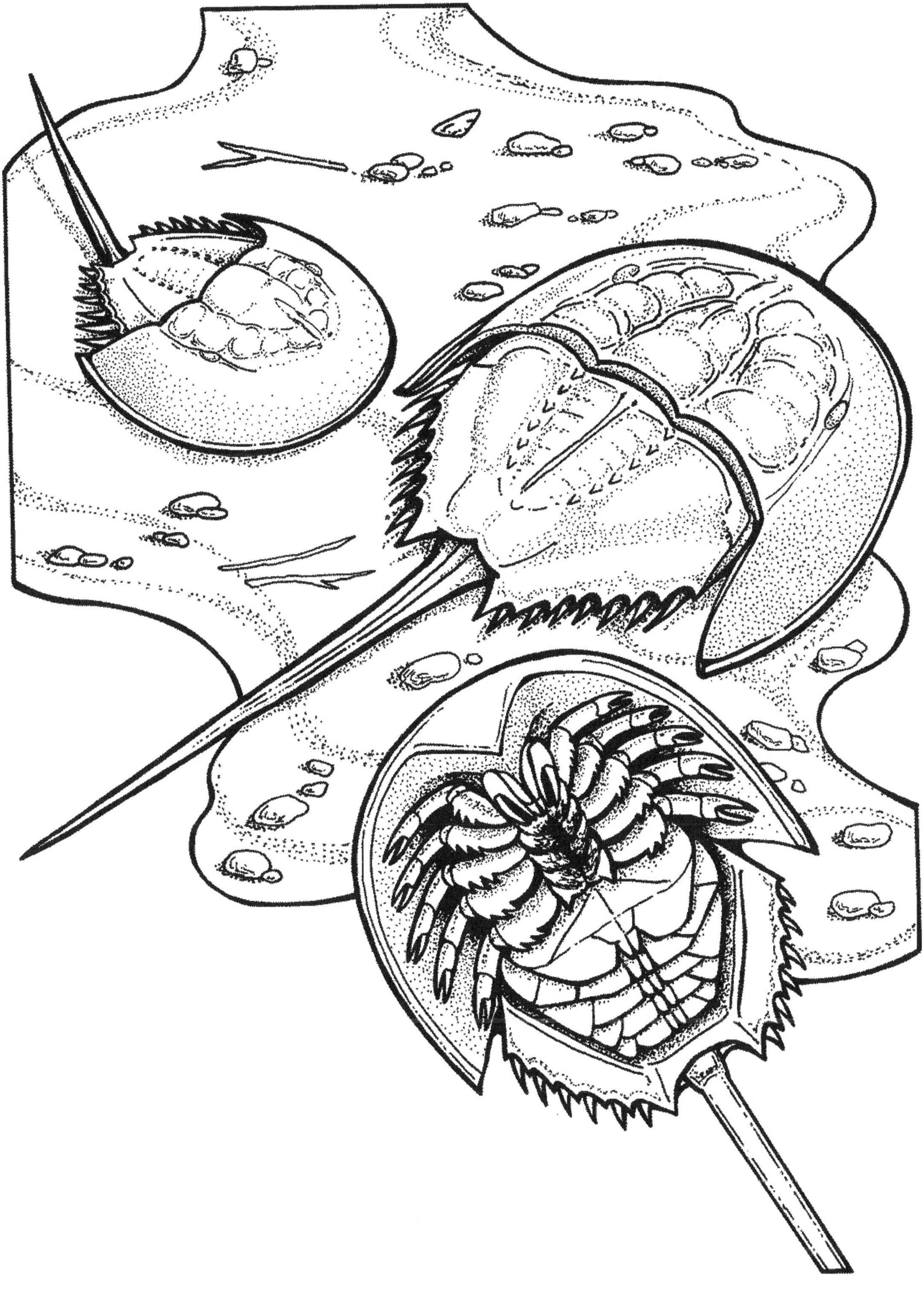

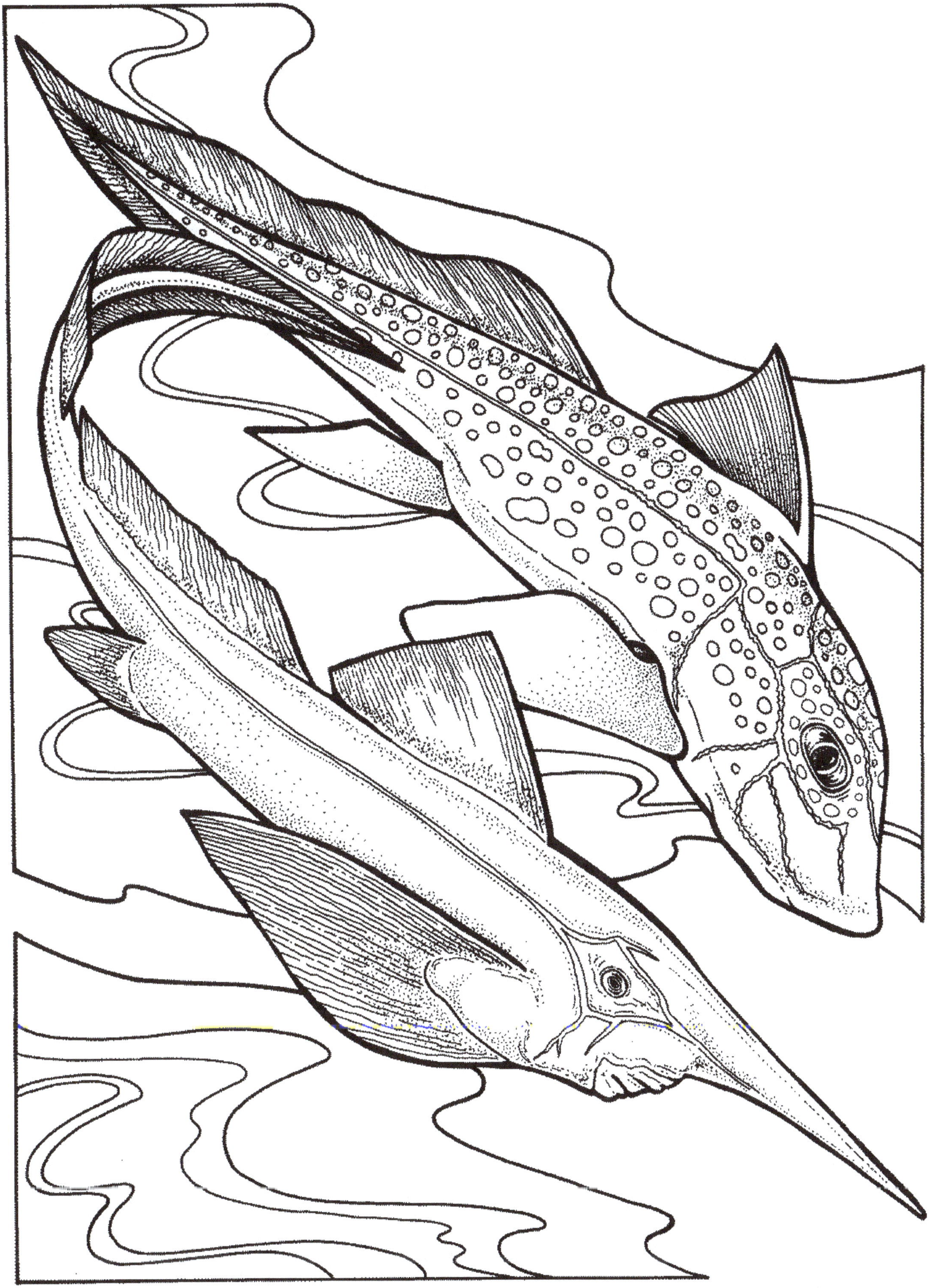

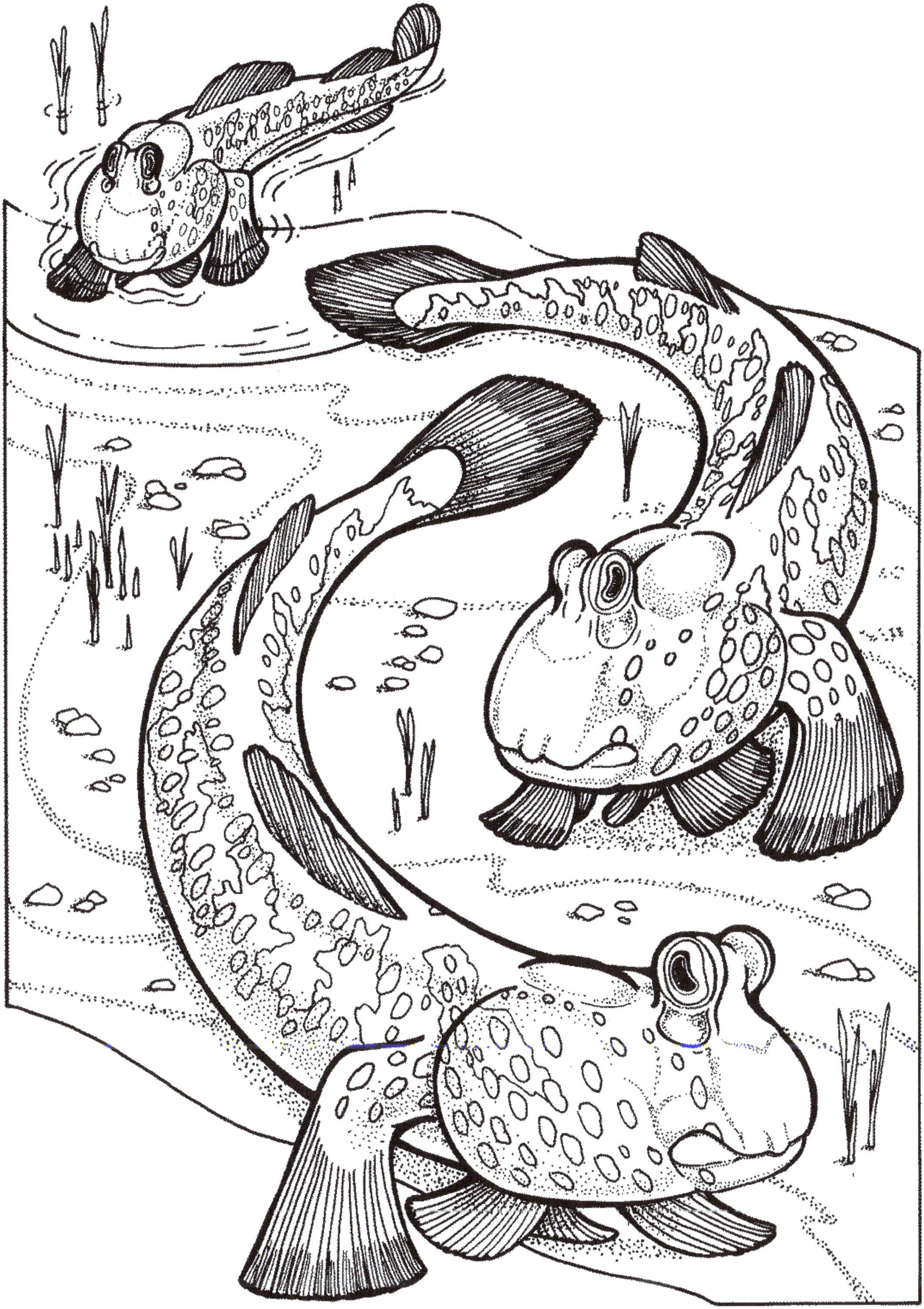

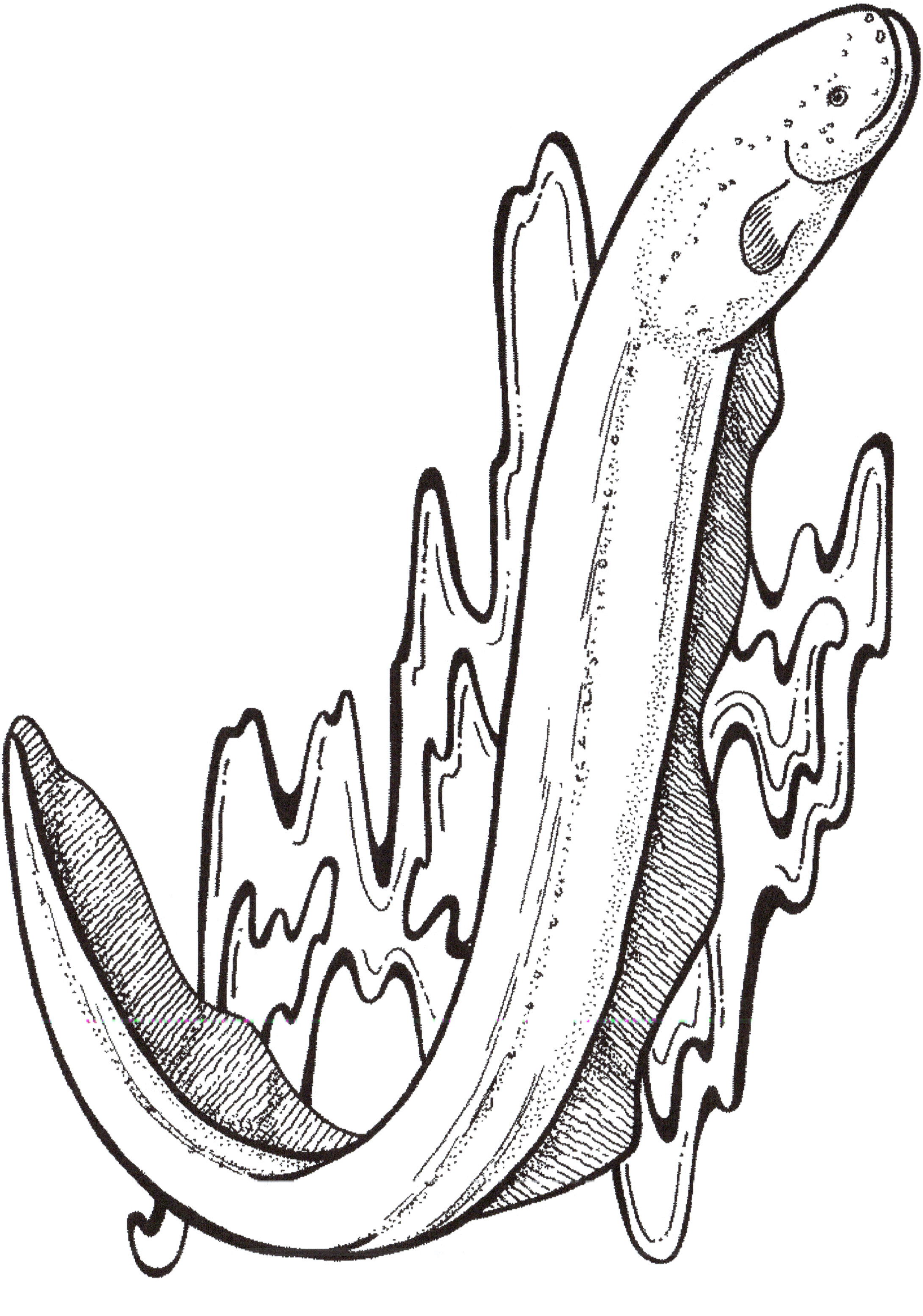

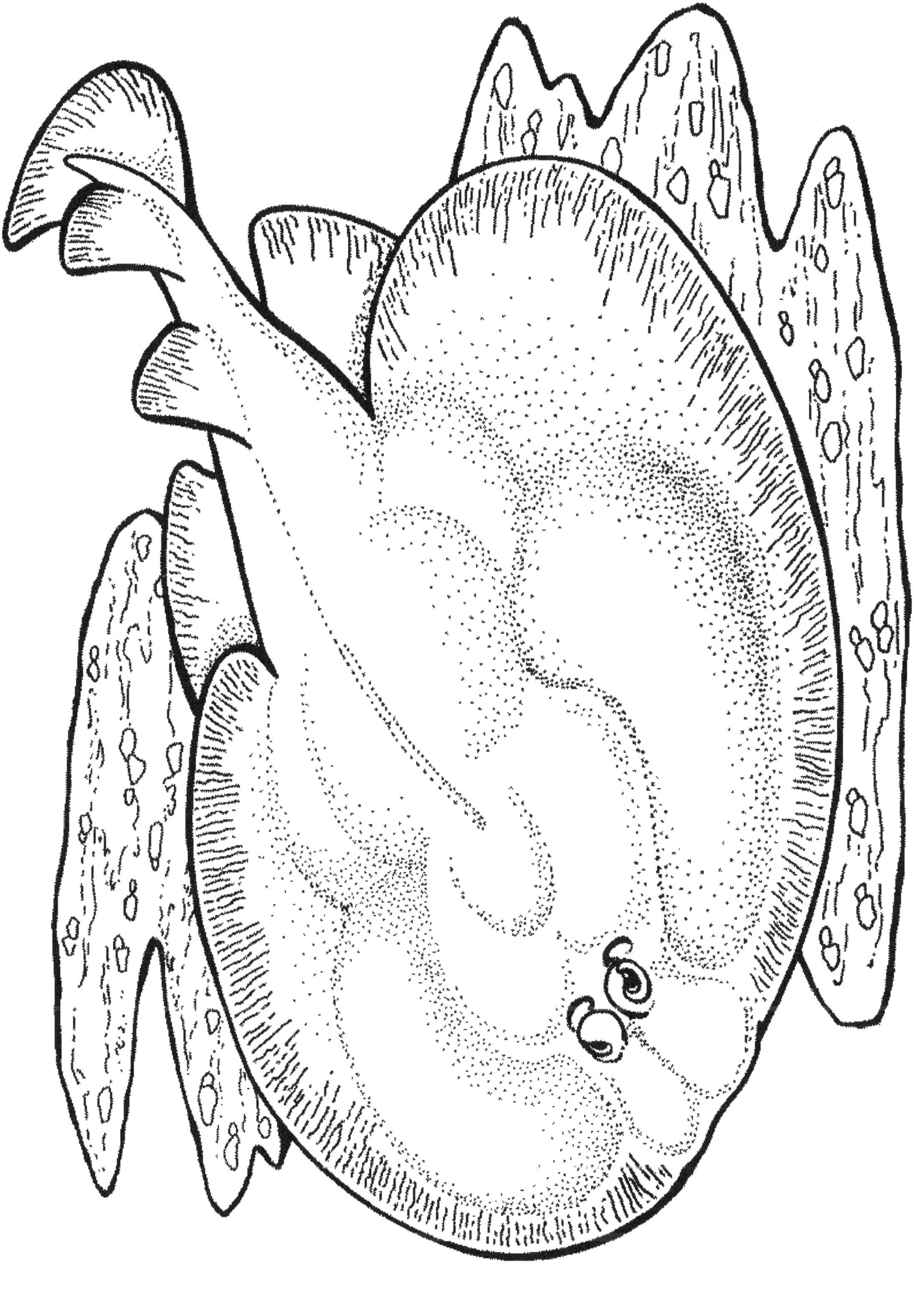

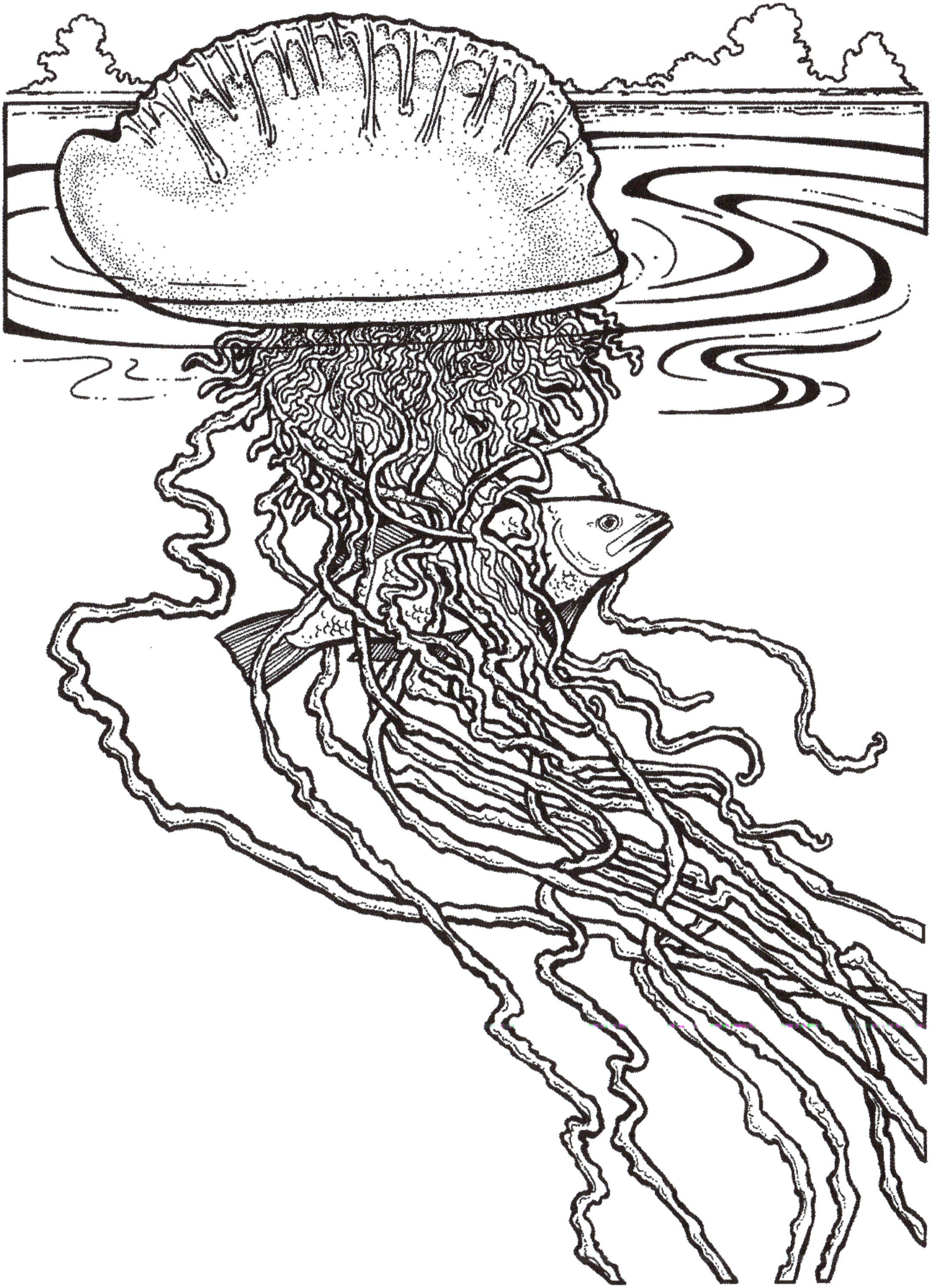

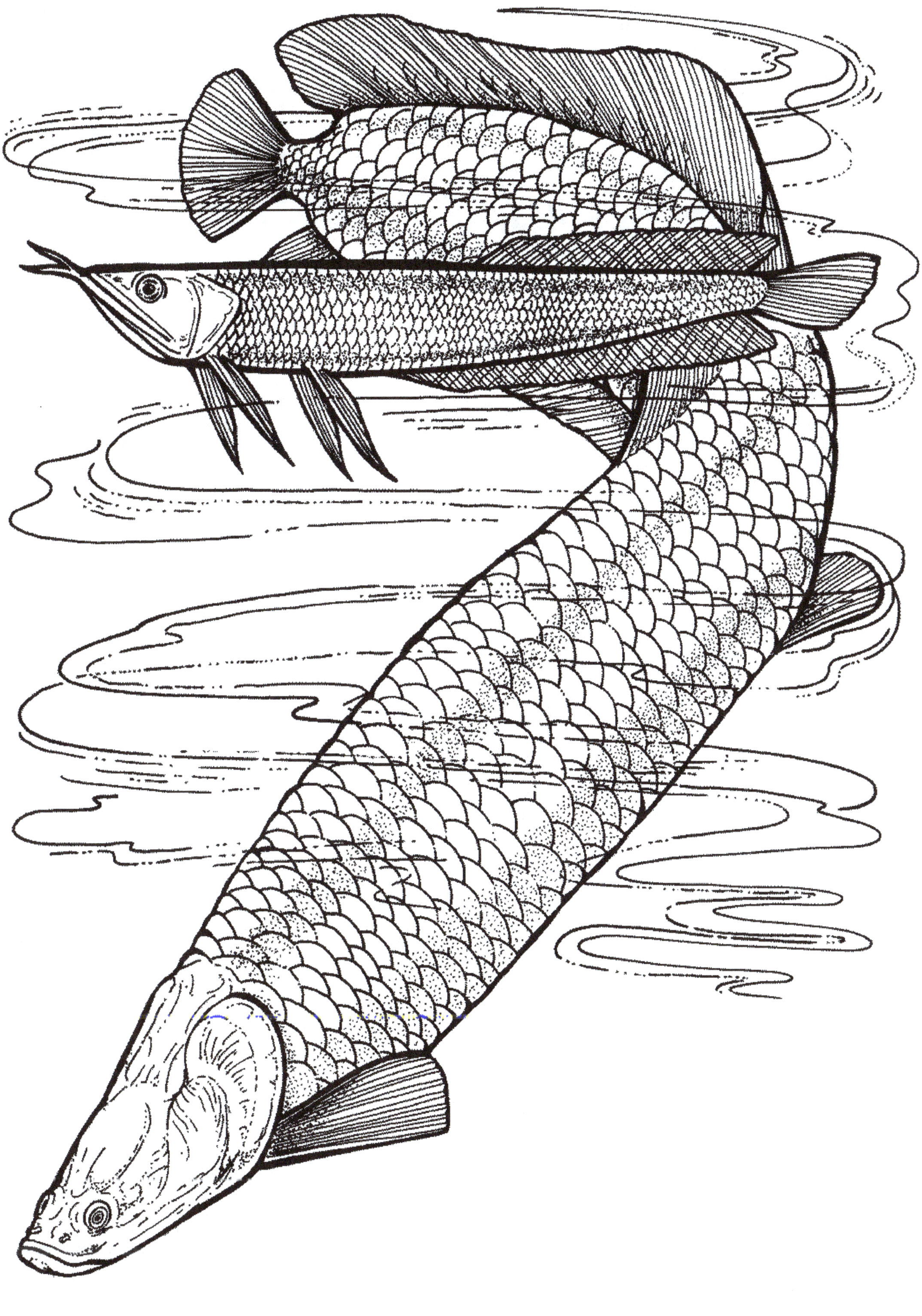

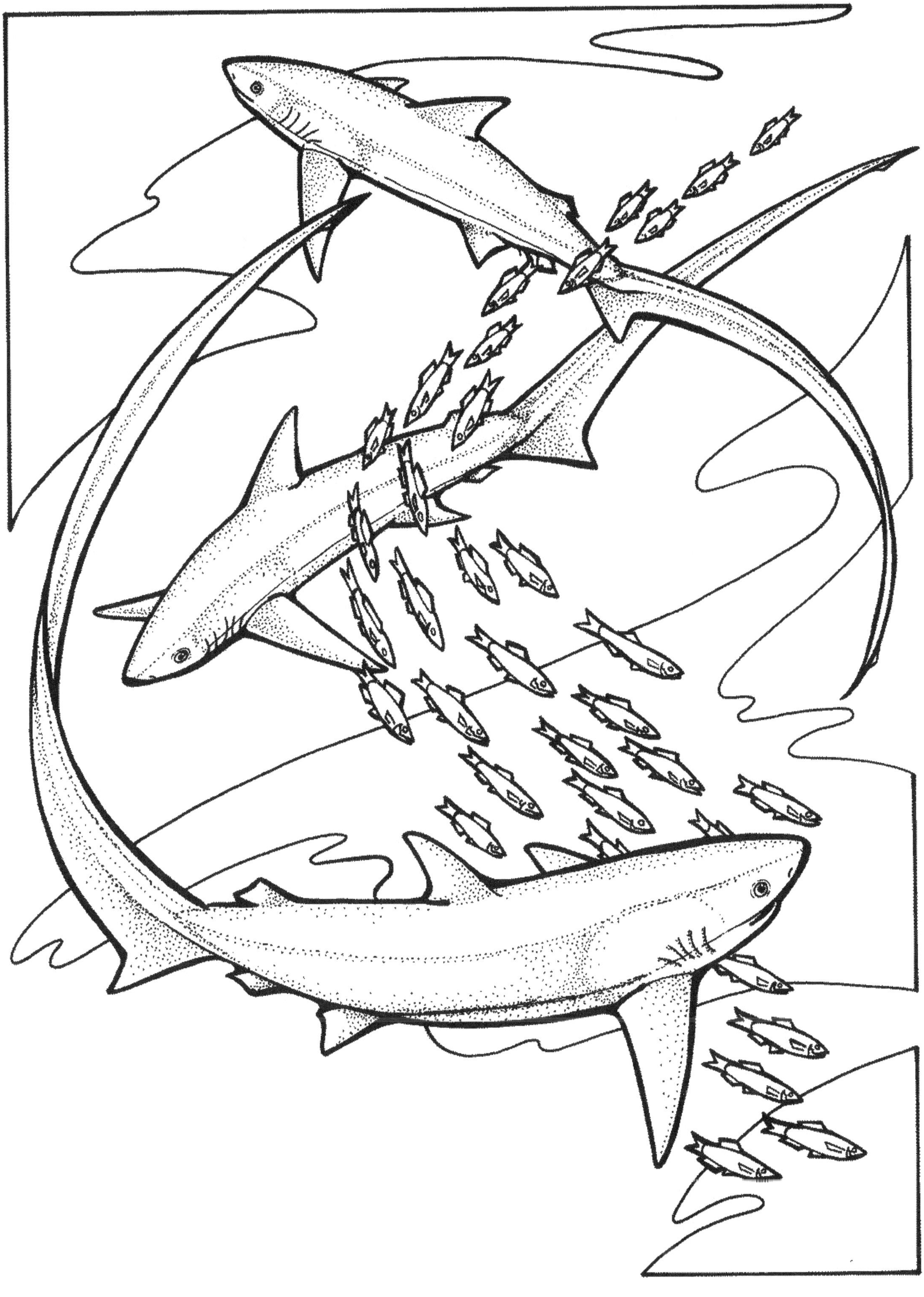

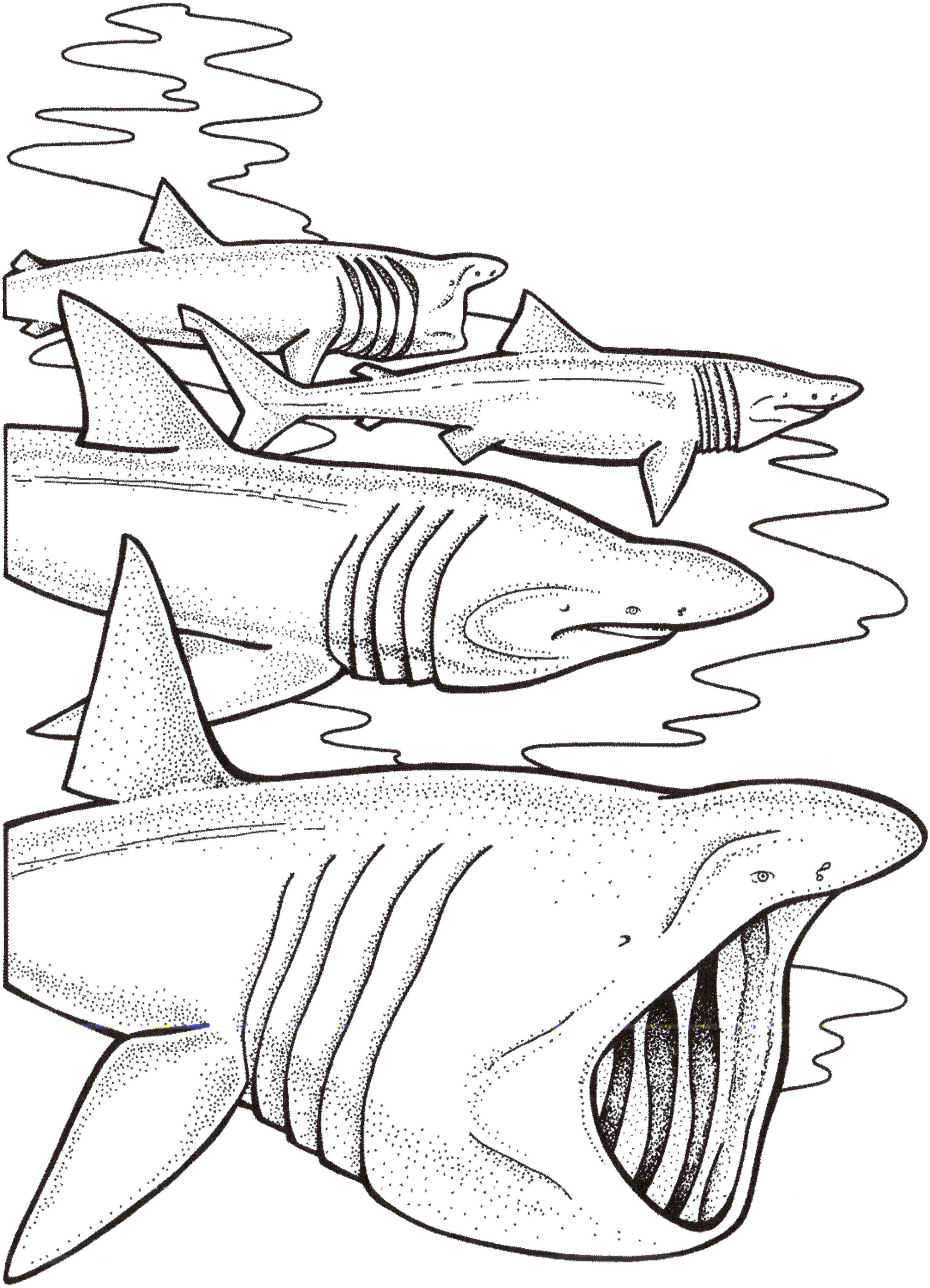

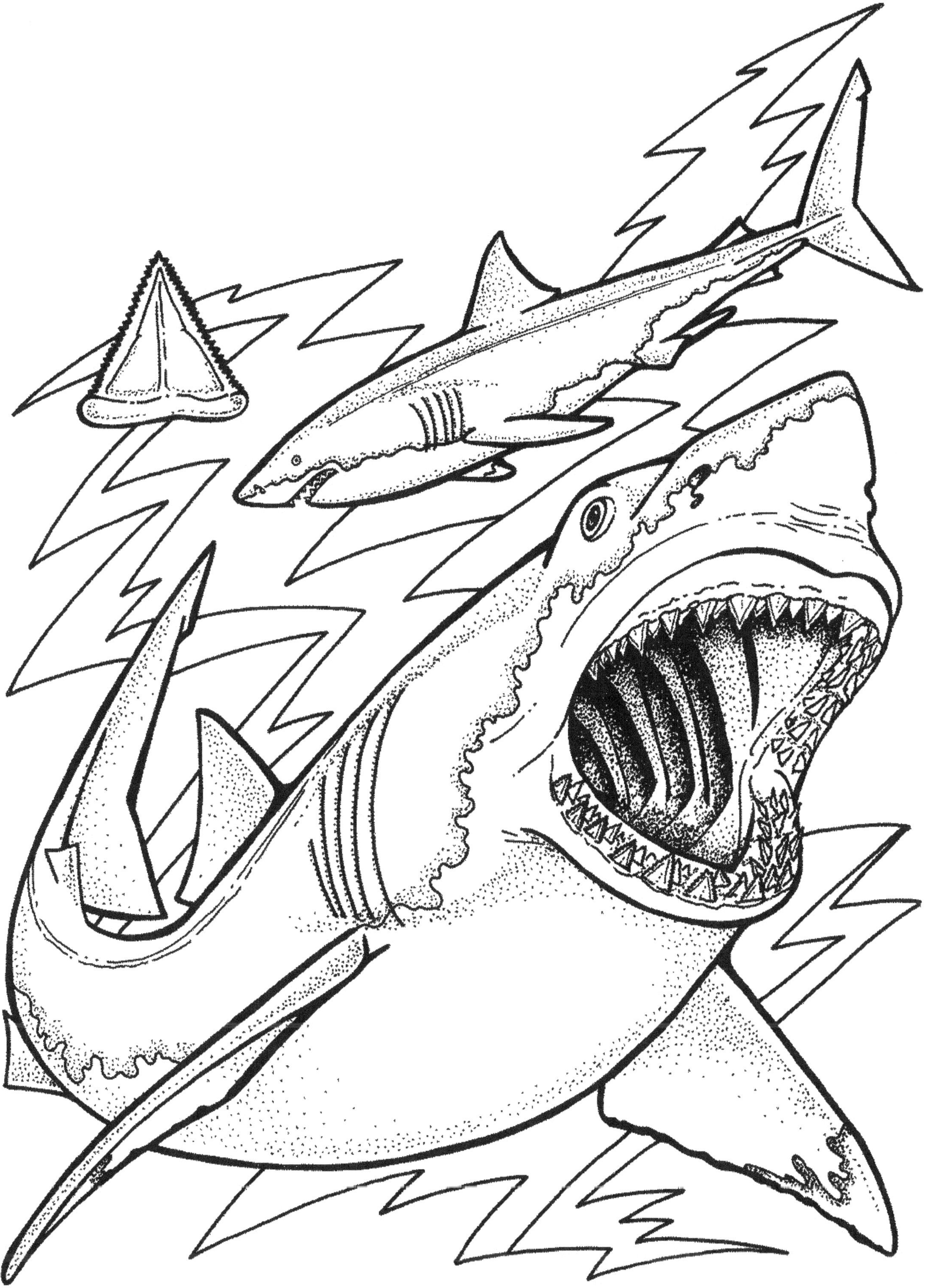

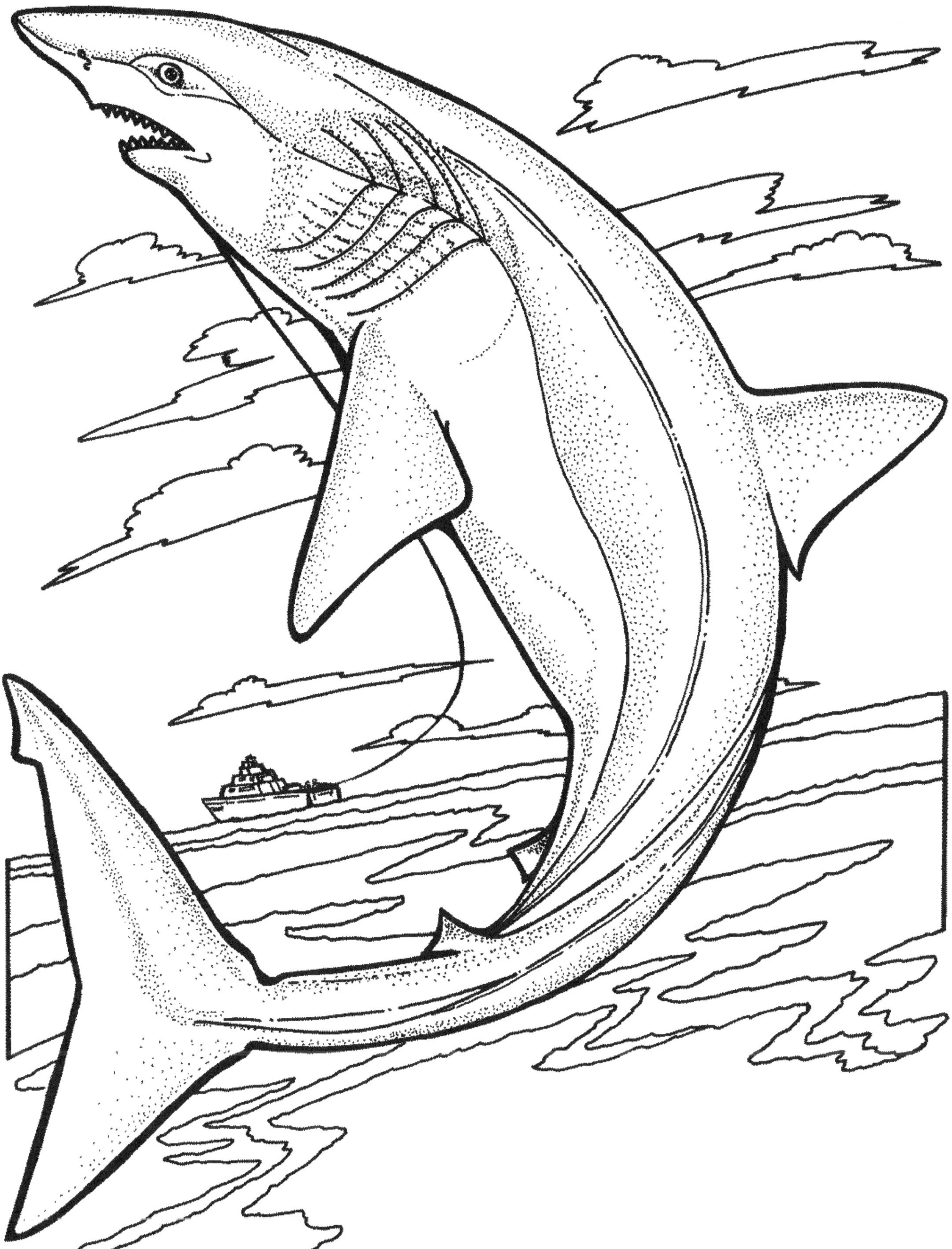

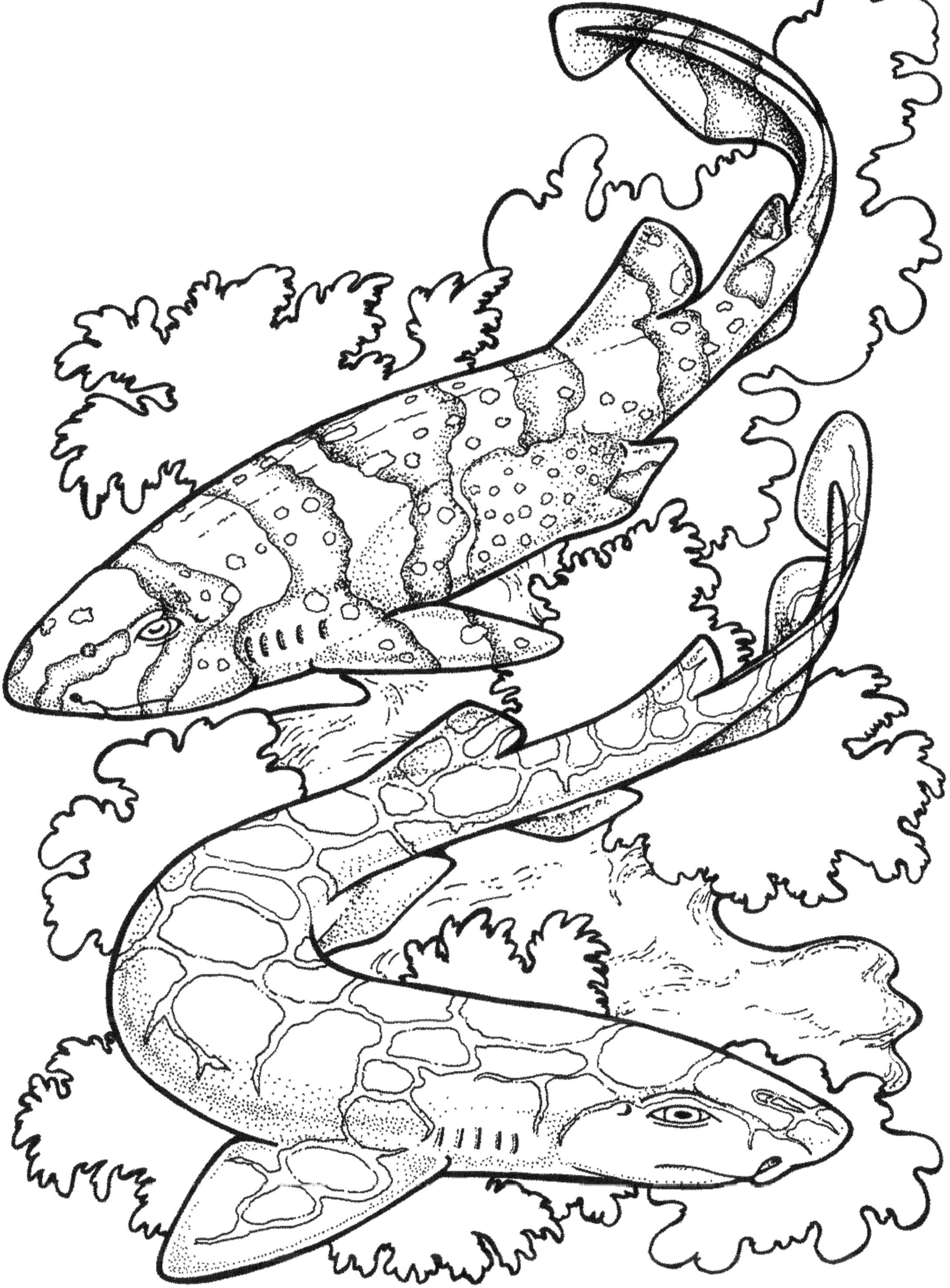

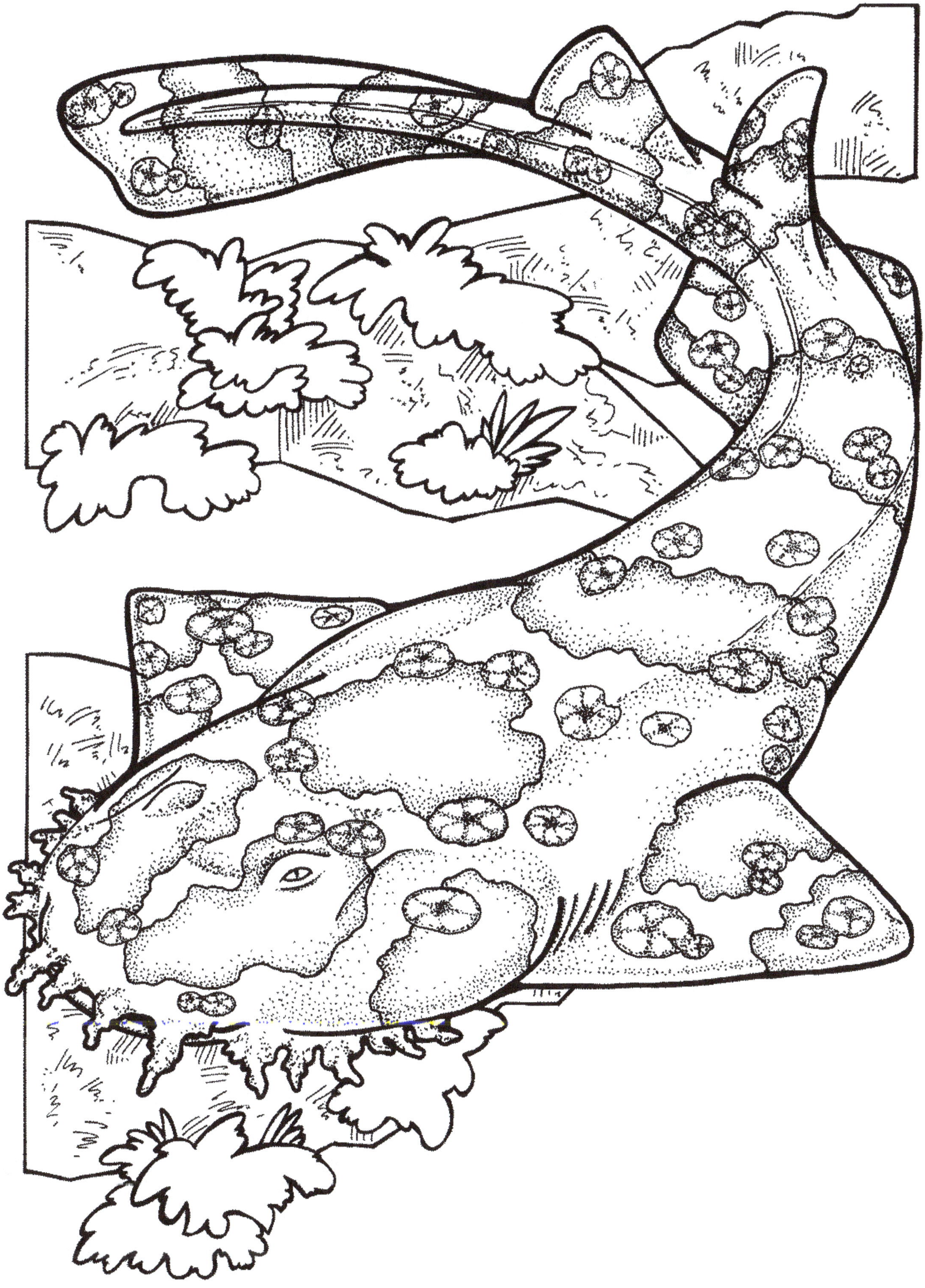

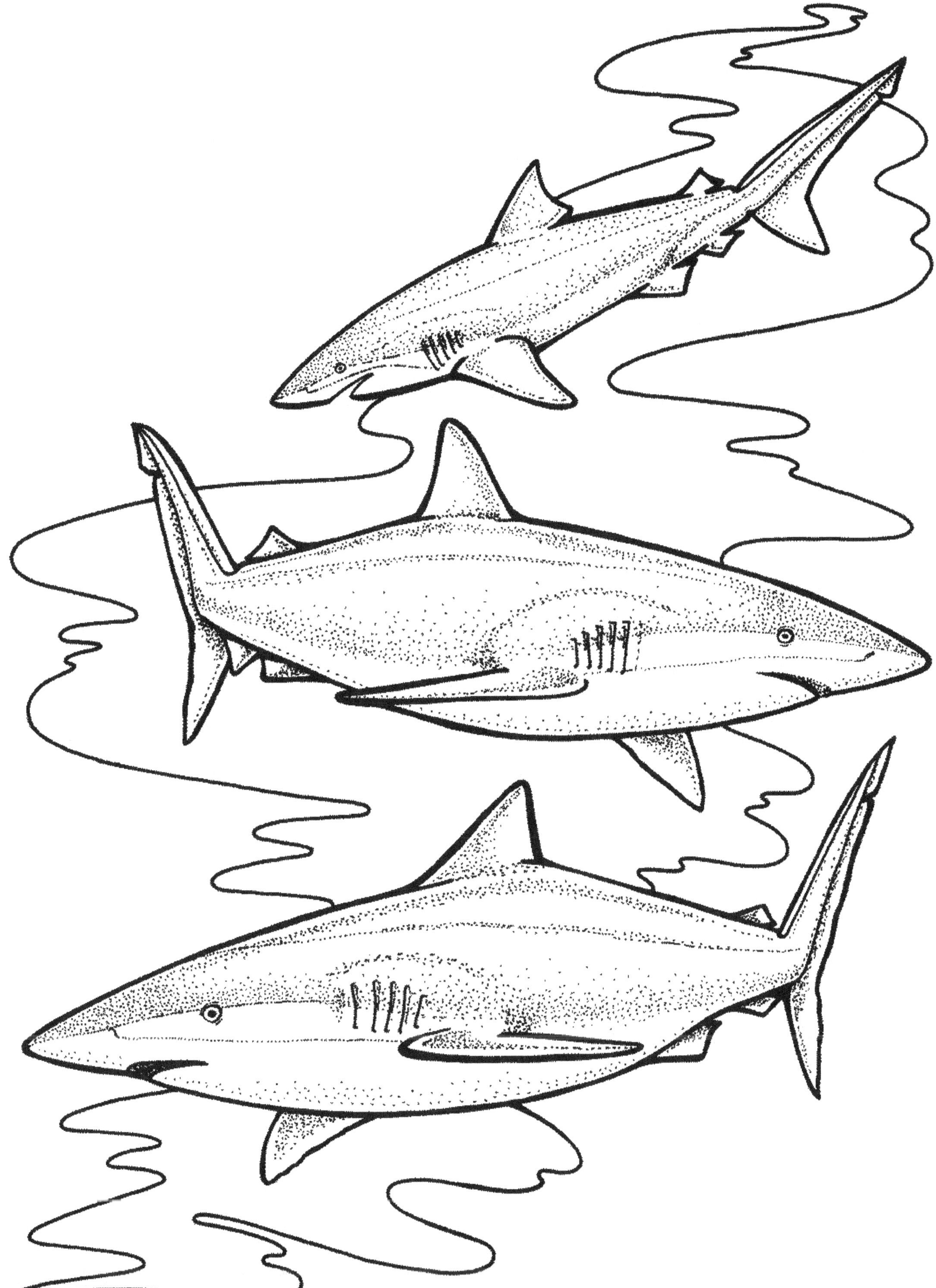

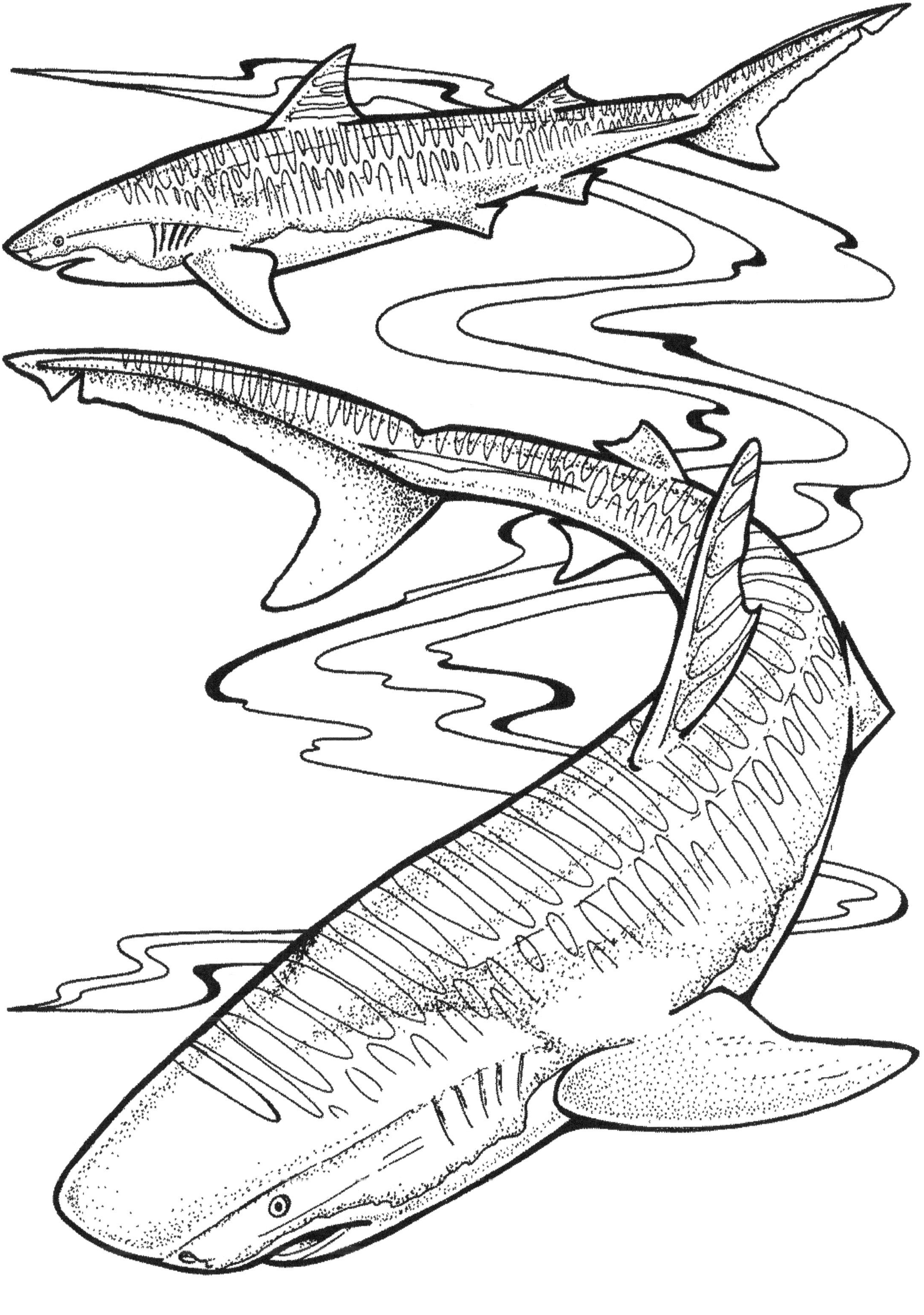

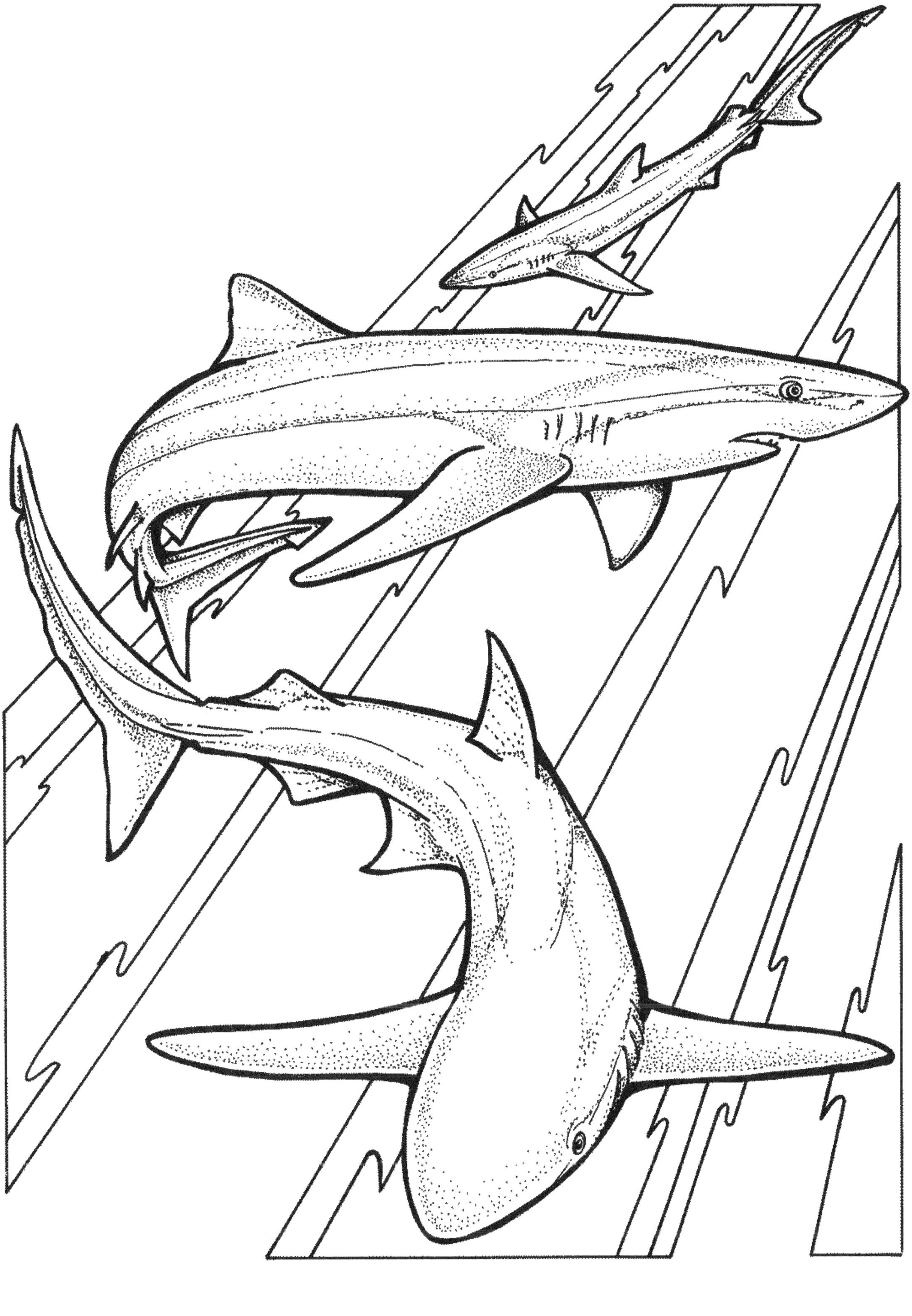

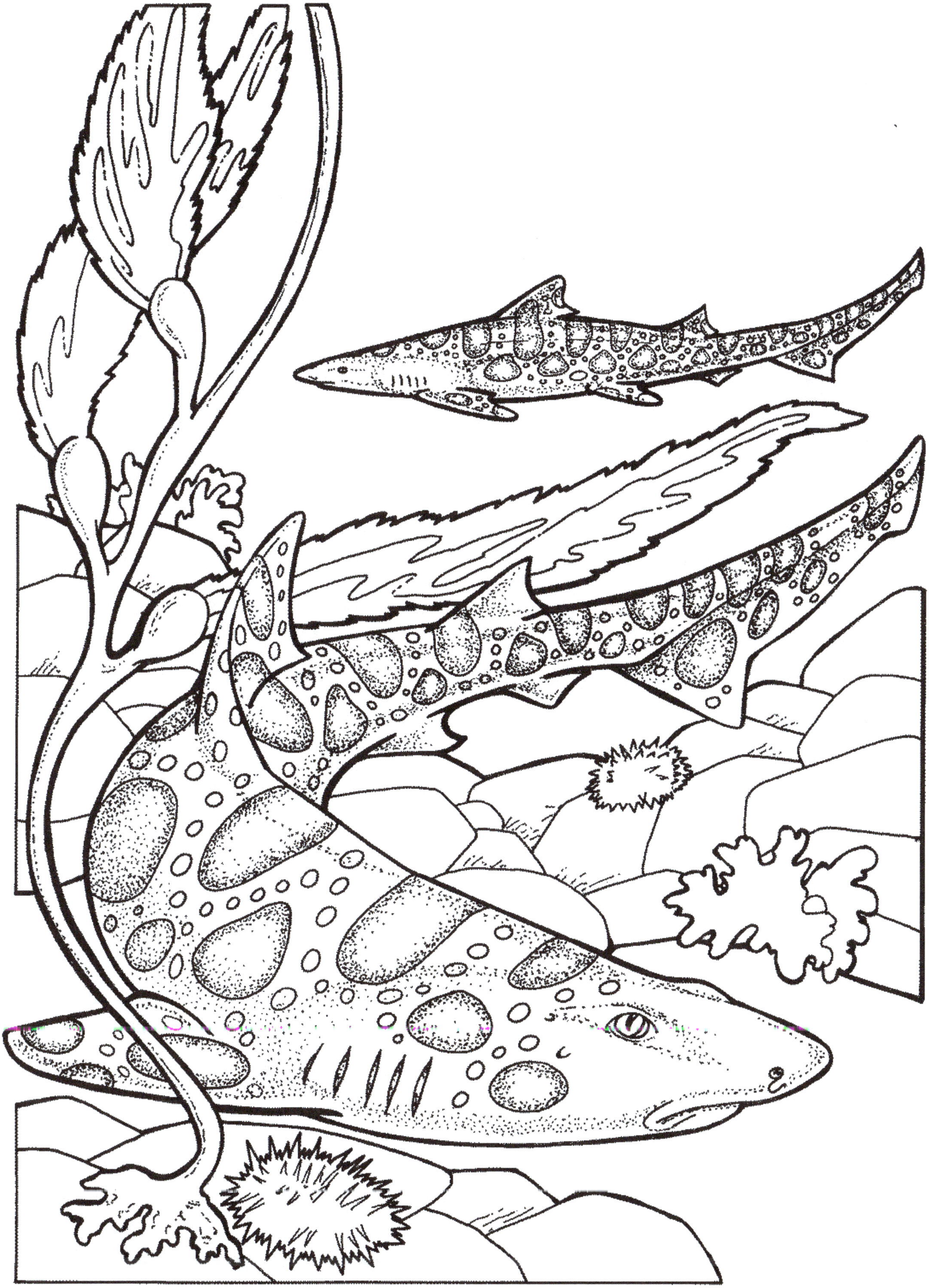

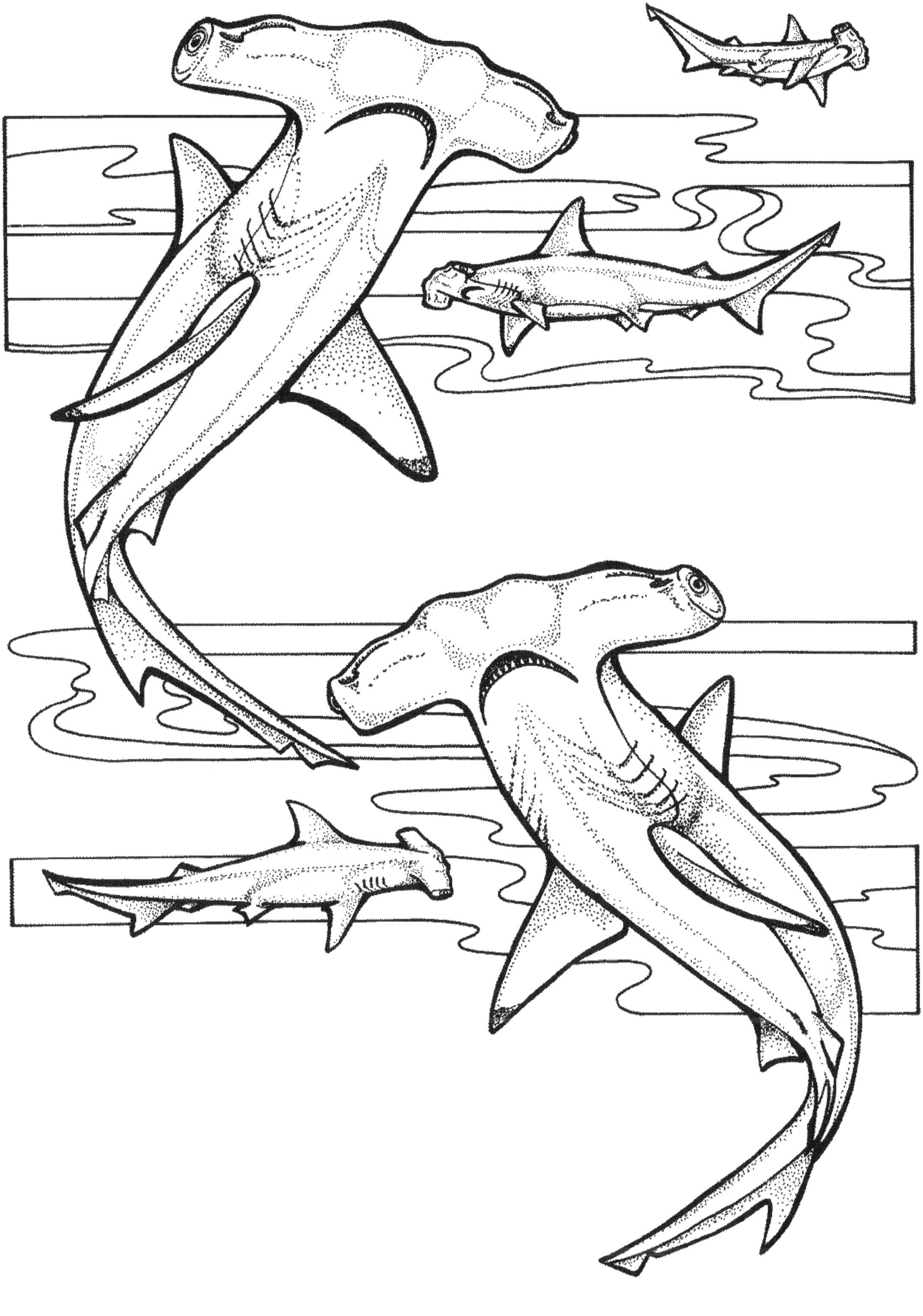

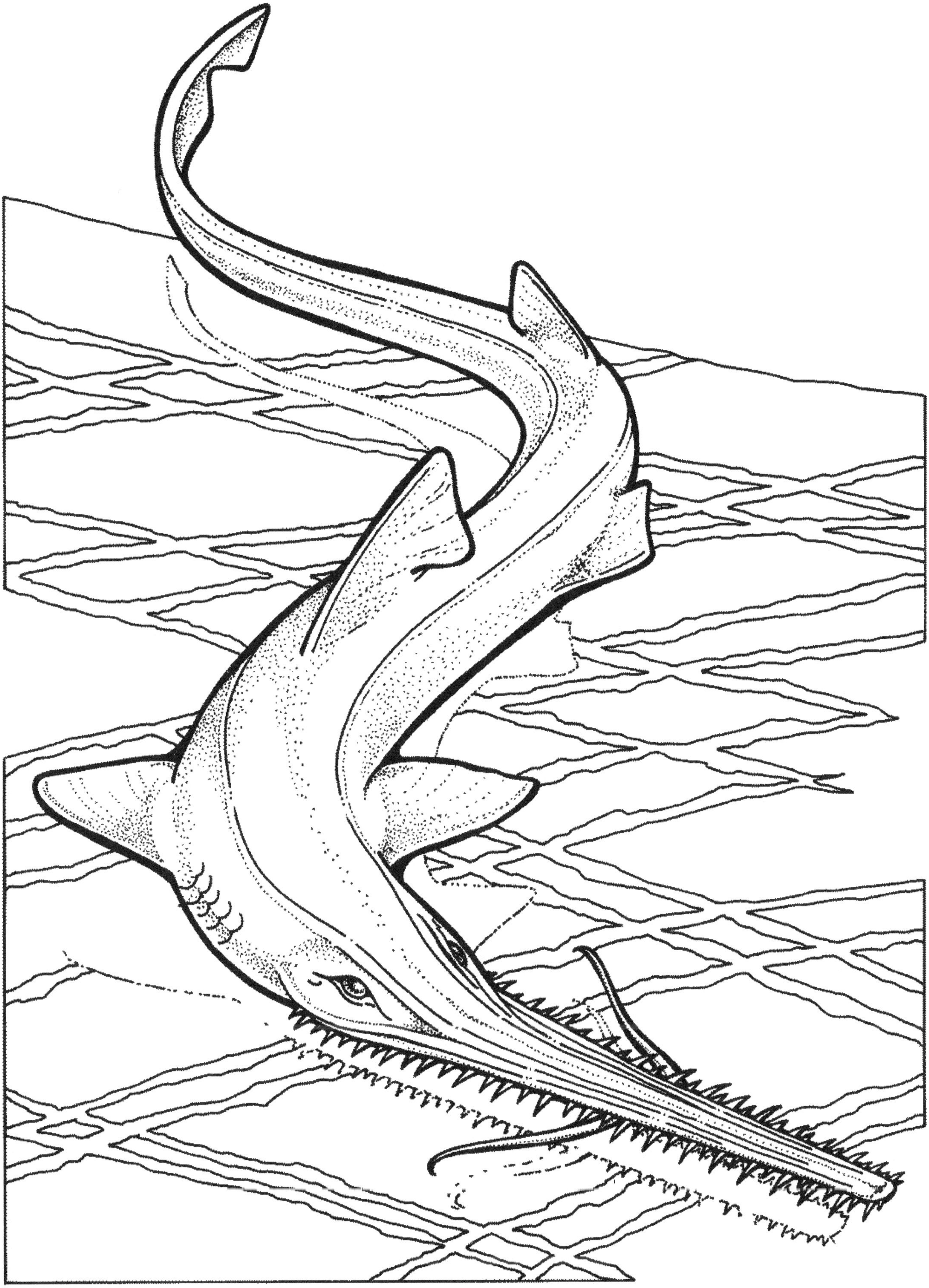

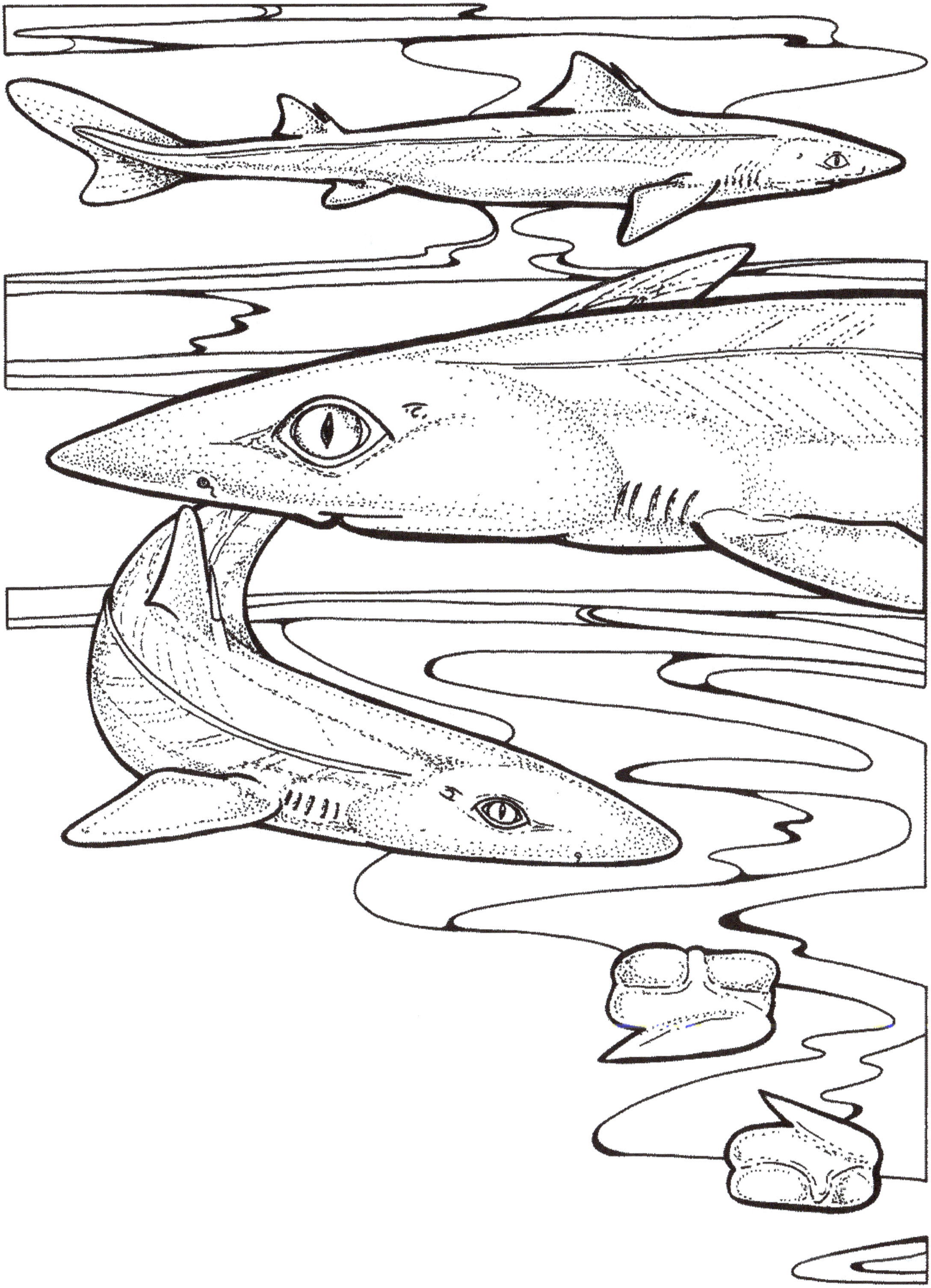

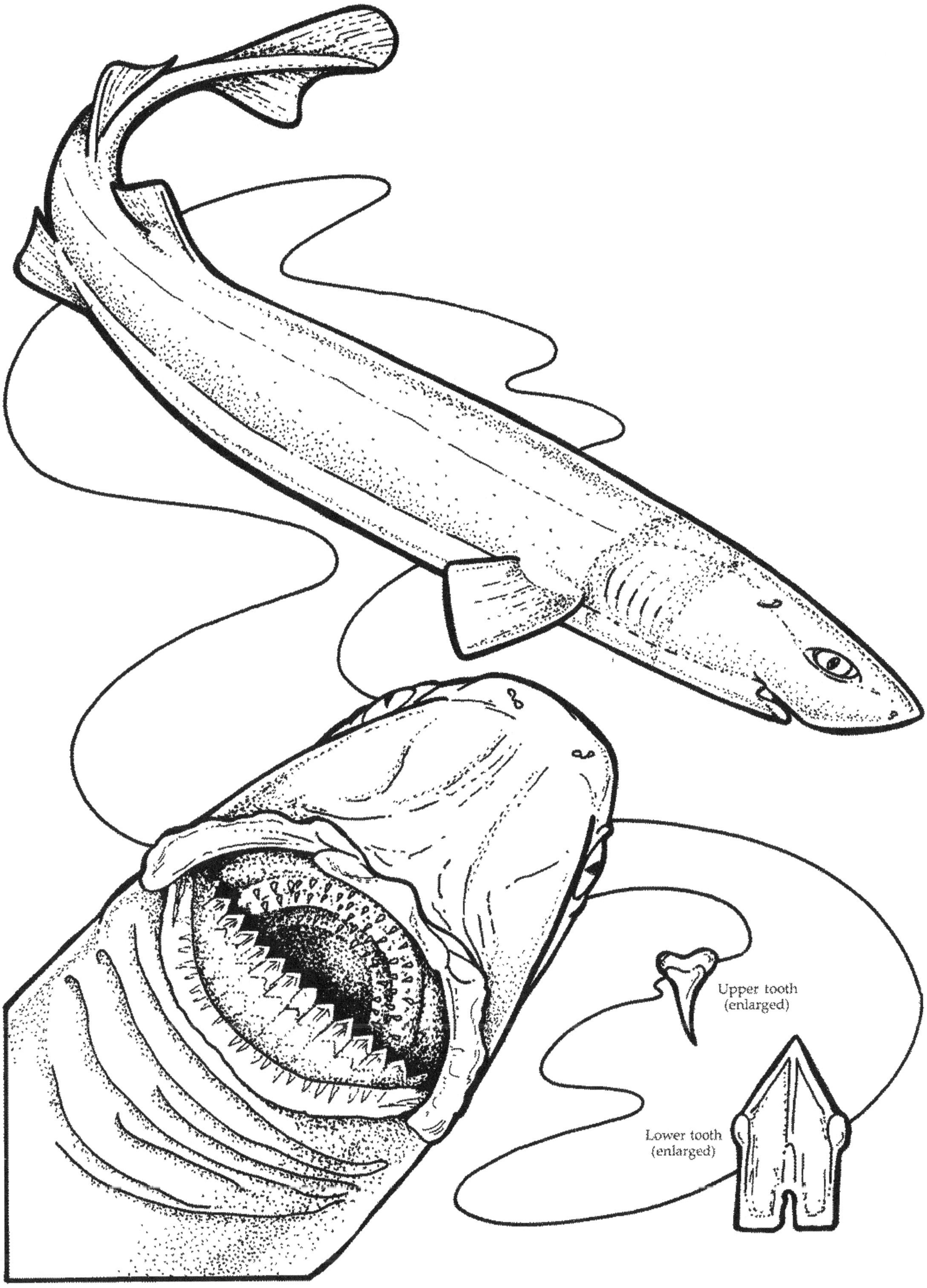
Upper tooth
(enlarged)
Lower tooth
(enlarged)

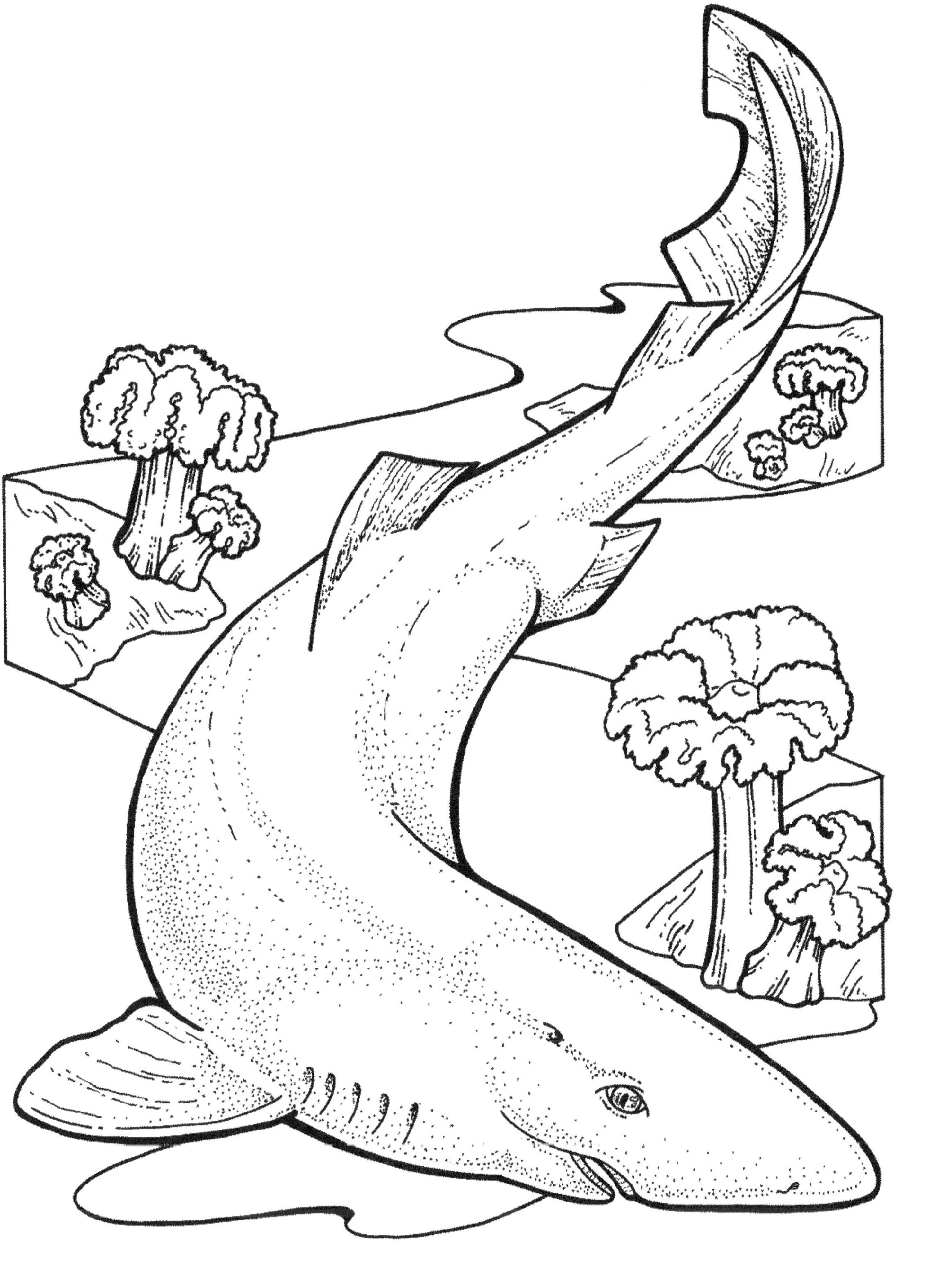

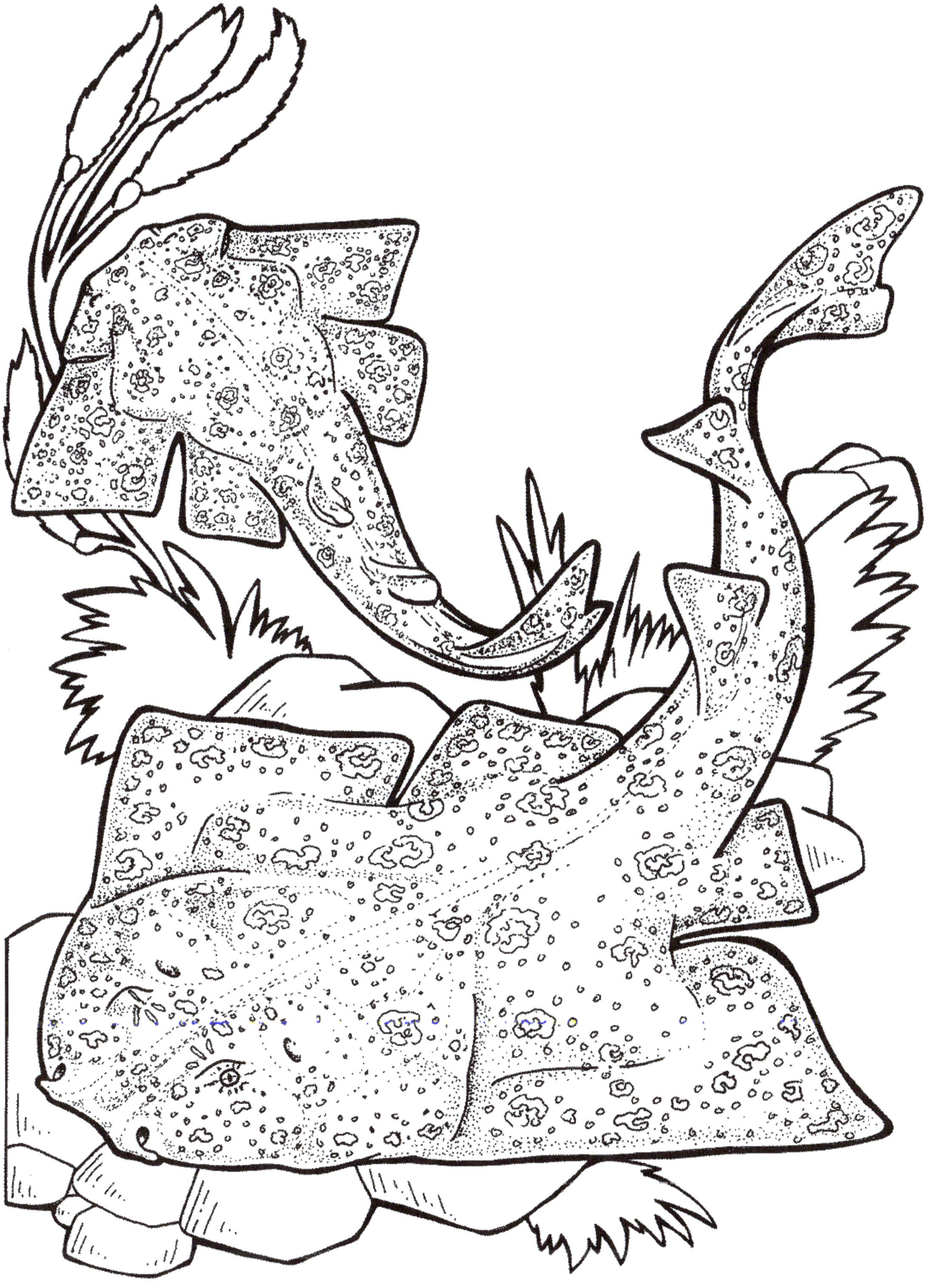

Me

	1	2	3	4	5	6	7	8	9	10
A										
B										
C										
D										
E										
F										
G										
H										
I										
J										

Aircraft Carrier: A A A A A

Frigate: F F F F

Cruiser: C C C

Destroyers: D D | D D

Submarines: S | S | S

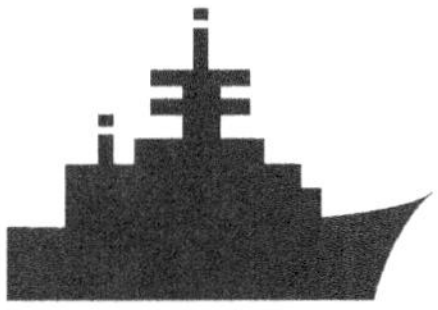

Opponent

	1	2	3	4	5	6	7	8	9	10
A										
B										
C										
D										
E										
F										
G										
H										
I										
J										

Aircraft Carrier: A A A A A

Frigate: F F F F

Cruiser: C C C

Destroyers: D D | D D

Submarines: S | S | S

Me

	1	2	3	4	5	6	7	8	9	10
A										
B										
C										
D										
E										
F										
G										
H										
I										
J										

Aircraft Carrier | A | A | A | A | A |

Frigate | F | F | F | F |

Cruiser | C | C | C |

Destroyers | D | D | | D | D |

Submarines | S | | S | | S |

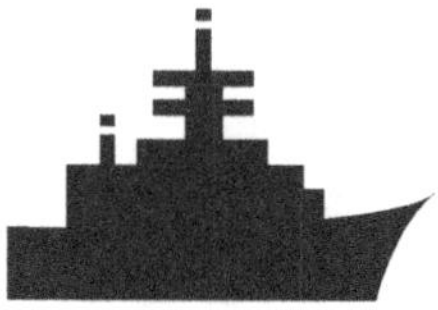

Opponent

	1	2	3	4	5	6	7	8	9	10
A										
B										
C										
D										
E										
F										
G										
H										
I										
J										

Aircraft Carrier | A | A | A | A | A |

Frigate | F | F | F | F |

Cruiser | C | C | C |

Destroyers | D | D | | D | D |

Submarines | S | | S | | S |

Me

	1	2	3	4	5	6	7	8	9	10
A										
B										
C										
D										
E										
F										
G										
H										
I										
J										

Aircraft Carrier	A	A	A	A	A
Frigate	F	F	F	F	
Cruiser	C	C	C		
Destroyers	D D	D D			
Submarines	S	S	S		

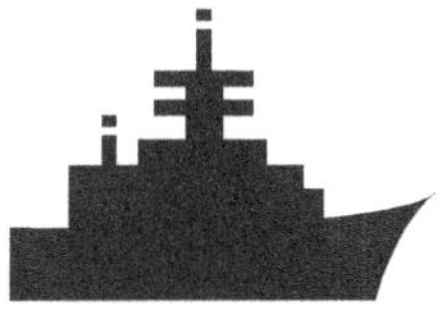

Opponent

	1	2	3	4	5	6	7	8	9	10
A										
B										
C										
D										
E										
F										
G										
H										
I										
J										

Aircraft Carrier	A	A	A	A	A
Frigate	F	F	F	F	
Cruiser	C	C	C		
Destroyers	D D	D D			
Submarines	S	S	S		

Me

	1	2	3	4	5	6	7	8	9	10
A										
B										
C										
D										
E										
F										
G										
H										
I										
J										

Aircraft Carrier | A | A | A | A | A |

Frigate | F | F | F | F |

Cruiser | C | C | C |

Destroyers | D | D | | D | D |

Submarines | S | | S | | S |

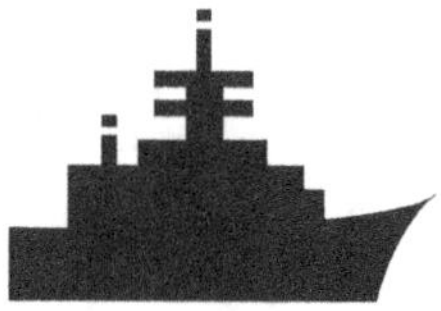

Opponent

	1	2	3	4	5	6	7	8	9	10
A										
B										
C										
D										
E										
F										
G										
H										
I										
J										

Aircraft Carrier | A | A | A | A | A |

Frigate | F | F | F | F |

Cruiser | C | C | C |

Destroyers | D | D | | D | D |

Submarines | S | | S | | S |

Me

	1	2	3	4	5	6	7	8	9	10
A										
B										
C										
D										
E										
F										
G										
H										
I										
J										

Aircraft Carrier | A | A | A | A | A |

Frigate | F | F | F | F |

Cruiser | C | C | C |

Destroyers | D | D | | D | D |

Submarines | S | | S | | S |

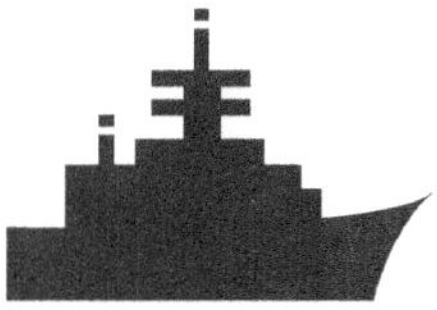

Opponent

	1	2	3	4	5	6	7	8	9	10
A										
B										
C										
D										
E										
F										
G										
H										
I										
J										

Aircraft Carrier | A | A | A | A | A |

Frigate | F | F | F | F |

Cruiser | C | C | C |

Destroyers | D | D | | D | D |

Submarines | S | | S | | S |

Me

	1	2	3	4	5	6	7	8	9	10
A										
B										
C										
D										
E										
F										
G										
H										
I										
J										

Aircraft Carrier	A	A	A	A	A
Frigate	F	F	F	F	
Cruiser	C	C	C		
Destroyers	D D	D D			
Submarines	S	S	S		

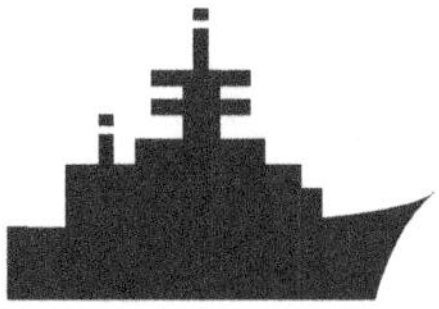

Opponent

	1	2	3	4	5	6	7	8	9	10
A										
B										
C										
D										
E										
F										
G										
H										
I										
J										

Aircraft Carrier	A	A	A	A	A
Frigate	F	F	F	F	
Cruiser	C	C	C		
Destroyers	D D	D D			
Submarines	S	S	S		

www.ingramcontent.com/pod-product-compliance
Lightning Source LLC
Chambersburg PA
CBHW081528220526
45467CB00010B/3093